鹿児島人物叢書⑦

五代友厚

明治産業維新を始めた志士《さむらい》

桑畑　正樹

高城書房

五代友厚の肖像
（国立国会図書館「近代日本人の肖像」より）

大阪・阿倍野墓地に葬られた五代友厚の墓

目次

※注　本文中の年月日、元号に続いて漢数字で書いてあるものは原則として和暦で、丸括弧内の洋数字は西暦（太陽暦）に統一してある。
明治六年以降、月日が和暦と一致するので、漢数字に統一してある。

はじめに

「明治維新」という変革・激動の時期において、日本の将来を見つめて行動した志士は「薩長土肥」を中心とした討幕派ばかりでなく、佐幕派にも数多く存在した。しかしながら、維新の三傑といえば西郷隆盛、木戸孝允、大久保利通と言われ、一般的にこれまでの評価・人気は数多く歴史小説やドラマの題材となってきた英雄、例えば坂本龍馬のようなヒーローに集まっていた。ところが、近年は政治の中心にあって華々しい活躍をした人物、いわゆる「偉人」「元勲」と呼ばれるような人々のみならず、幕末から明治にかけもっと地道に「変革」を訴え、経済人や技術者として、または専門家や教育者として貢献した人たち、あるいは活躍を期待されながらそれが果たせなかった志士らにも脚光が当たるようになってきた。これまでは、いわば「脇役」となってきた、武士以外の町人や農民の中にも、あるいは薩摩や長州のような維新の原動力になった藩でも、身分を越えて、新時代に新たな知識や技術を身につけ、明治日本の建設に一役買った人々も注目されるようになった。特に、2015年「明治日本の産業革命遺産」が世界文化遺産登録を果たし、日本が百五十年前に成し遂げた明治維新が、産業分野や経済分野での「革命」という側面のあったことにも関心が払われるようになって、われわれの先人に対する関心も経済産業分野にまで広がっている。

本書で取り上げる五代友厚に集まっている注目も、こういった時代の要請の一つと言ってよいのかもしれない。もちろん大阪商工会議所初代会頭として知られ、「大阪経済再興の父」として、従来から高い評価を得ていた人物でもあり、また小松帯刀や大久保利通の右腕として幕末維新のリーダーを支えたことでも著名な人物であった。一方で、北海道開拓使の「官有物払い下げ事件」では開拓使長官・黒田清隆とつながり不正を働いた「政商」として悪いイメージで語られることも多かった。官を高く評価し、民を余り評価しない時代にあっては、あまり正当な評価がなされてこなかったこともあるが、ここへきて彼が薩摩藩英国留学生の企画者・使節のリーダーであったことを始め、明治新政府が進めた開花策を先取りした事業を企図した人物であったことなどが強く関心を集めている。加えて、ＮＨＫ朝の連続ドラマ「あさがきた」（２０１５～１６年）において新時代の幕開けを告げ、主人公に経済産業指導者としての指針を示すキャラクターとして描かれたことで人気沸騰。五代友厚が「明治産業維新に欠かせぬ人物であった」との認識は従前に増して人々にも浸透してきているのではないか。

これまで多くの文学作品やドラマに描かれ、また研究書にも取り上げられてきた五代友厚ではあるが、意外と知られていなかった実像を最新の研究成果や再発見された史料などを踏まえ、わかりやすくご紹介していきたい。幕末期にいち早く海外へ目を向け、高杉晋作や坂本龍馬に影響を与えた五代の人間的資質やカリスマ、さらに西郷や大久保、小松を支えて明治新政府の初期外交に残した貢献、さらに「大阪を日本経済の中心に」と走り続けた彼の一生を、この一冊で多角的に描いてみたい。日本の近代化に懸けた五代の熱い志を伝えることができ、加えて読者にとって一つでも発見があれば著者として幸いである。

1　出自と幼年時代

五代友厚は天保六年十二月二十六日（西暦1836年2月12日）、鹿児島城下城ケ谷（現在の鹿児島市長田町）の五代家に二男として生まれた。父五代直左衛門秀堯《ひでたか》は薩摩藩第十代藩主・島津斉興の命で編纂された「三国名勝図絵」（島津家所領の南九州地方・薩摩・大隅・日向三国の地誌）の執筆責任者、奉行の一人であった。五代家は島津家中でも知的な職業分担を任されていたと考えられる、儒官として中流の家柄である。友厚は幼名を徳助と名付けられ、質実剛健を尊ぶ鹿児島藩（薩摩藩、当時は薩藩と略されることもあった）の気風の中でも学問に重きをなす家柄で育った。秀堯の妻、やすは本田家の娘で、夫婦には友厚のほかに兄徳夫、姉広子、妹信子があった。

薩摩には独特の郷中《ごぢゅう》教育というものがあり、幕末の薩摩藩が多くの偉人を輩出したことの背景の一つとして、この教育方法が評価されていた。詳しく論じる頁数はないので簡単に記すが、藩士の住まう地域を区切ってそれを一つの「方限《ほうぎり》」と呼び、その中で武士の子弟が先輩後輩で学問や武術を教えあう、というシステムである。小稚児《こちご》（数え6～10歳）長稚児《おせ》（11～15歳）二才《にせ》（16～25歳）長才《おせ》（それ以上、妻帯者）と呼び、先輩後輩の結束力は非常に強かった。主には薬丸自顕《じげん》流の武術を鍛え、また道徳教育なども行っており、「負けるな。嘘を言うな。弱いものをいじめるな」といった士道の基本を徹底したものであった。

五代と同年、天保六年生まれには、のちの小松帯刀《たてわき》となる、肝付尚五郎がいる。二人は、総領跡取りではない（部屋住み）境遇も似通って（肝付尚五郎は肝付兼善の四男として生まれ、後年家格の高い小松家に養子にいく）おり、ともに儒学者の横山安容《やすかた》に学んだ。幕末維新を二人三脚で乗り切っていった小松と五代の後々までの友情は、このような境遇と郷中という教育環境の中で培われていったものと考えられる。ちなみに、彼らが学んだ儒学者横山安容の養嗣子は、森有礼の兄、正太郎のちの横山安武であり、ともに鹿児島城下の上町に育ち、幕末の風雲急を告げる時代を感じながら互いに切磋琢磨していたのである。

五代は幼少のころから利発な子だったという。数え十二歳で藩校「造士館」で学ぶようになった。

五代友厚の生誕地。鹿児島市長田町、入り口に案内板が立つだけだったが、鹿児島市が整備を進める

郷中教育においても、武士の心得を問答したり、四書五経の教えについて議論を重ねたりする「詮議」が行われていた。のちに福沢諭吉が「討論」と翻訳した英語の「ディベート（debate）」に当たるのだが、藩校においても詮議は盛んであった。そういった詮議がヒートアップすると、若者同士の集団では起こりがちなことで言い争いや喧嘩に発展することはしばしばあった。その際、決まって仲裁には五代が呼ばれたという話が伝わっている。腕力に訴えそうな者もいる中で、五代は理路整然と議論にわって入り丸く収めた。聴くものを納得させる弁舌や交渉術は、彼の持って生まれた才であったのだろう。

幼年時代の五代を語るとき欠かせぬ逸話として、「世界地図を模写して藩主斉彬公に献上し、その才を褒められて『才助』と称した」というものがある。その話を検証するには、まず薩摩藩の琉球支配について知っていただく必要がある。

幕末史をたどる上で、薩摩藩が琉球国（琉球王朝の支配地、現在の沖縄県と鹿児島県の奄美群島地域）を支配下に置いていたことは大きな意味を持っていた。江戸初期に島津家が将軍に許可を得て琉球侵攻して以来、琉球は中国（当初は明、のちに清）へ属国として冊封《さくほう》関係を続けていたため、薩摩藩と中国の二重支配を受ける状況を続けており、これによって日本は幕府統治下では鎖国状態だったのに「薩摩藩だけが、外国との貿易や情報流入の窓口を持っている」という状況を生み出したのである。さらに奄美で行われた黒糖生産・専売と琉球を通じての密貿易などで、薩摩藩は財政再建を果たした（調所広郷《ひろさと》の改革）。維新の原動力という意味で経済的な要素も無視できないが、薩摩藩の軍事力、艦船や銃砲など軍備と技術力の背景に、この琉球貿易と黒糖専売があったとの指摘は忘れてはならない。

当時は、長崎だけが外国に開かれた港で、世界情勢も舶来の知識も幕府の管理下に伝えられていた。「開かれた窓のない」そういう他藩と比較して考えれば、薩摩藩がいかに当時の国際情勢を―例えばアヘン戦争（１８４０～４２年）で欧州の小さな島国イギリスが大国・清を破ったことや、東アジア・極東地域にアメリカやロシアの捕鯨船がやってきていた事実などまで―いち早く知り、情報に通じていたか想像に難くはない。特に歴代藩主の中で「名君」の誉れ高い、島津斉彬は時の老中・阿部正弘と琉球に出没した黒船（英米仏の艦船が来航していた）への対応を謀り、国防・海岸線防衛について幕府と雄藩との連携協調を話し合っていた。

このころ父の五代秀堯は琉球差配の役人として出仕し、斉彬がオランダ人から手に入れた世界地図の模写を命じられた。秀堯はこれを十四歳になったばかりの息子に託し、五代少年はこの地図を二枚複製したという。「五代友厚伝」（五代龍作著・編）によれば、五代は複製した一枚は献上し、もう一枚の方を自室に張りつけ、飽かずに眺めていたという。さらに直径二尺（約60チセン）の球を作り、模写した世界地図を写し直して色をつけ、「地球儀」を製作したと伝えられる。残念ながら、この徳助時代に手作りしたという地球儀は現存していない。

友厚が「才助」を名乗ることになったのは、斉彬から言葉を賜ったことが契機（この時点で斉彬は藩主ではない）と伝えられているが、これはのちに語ったことなので定かではなく、少なくとも複数の矛盾を含んでいるようだ。彼が「才助」を名乗るのは、元服した嘉永四年（１８５１年）以降で、そしてこの年、藩主斉興が隠居し、待望の斉彬が第十一代藩主（当主としては二十八代）としてお国入りした。

さて藩主となった斉彬は、藩の開花策を推し進め、いわゆる集成館事業で溶鉱炉設置や造船・兵器製造などの取り組みを始める。漂流してアメリカ船に救助され、琉球に戻ってきたジョン万次郎（中浜万次郎）を保護したのもこのころの話で、斉彬は自らジョン万次郎に米国事情を聴取した。当時、庶民と一藩の藩主が直接言葉を交わすことなどなかった封建時代であることを考えれば、いかに斉彬が開明的な人物であったか、さらに外国の情報に強い関心を抱いていたかが、うかがい知れるエピソードである。

ローマ字で日記を書くなど、当時の「殿様レベル」ではとびぬけた国際感覚を持っていた斉彬は、藩士らが世界に目を向け、日本の海防や彼我の国力・技術力の差に意識が向かうことを期待していたと考えられる。斉彬は奥医師で蘭学者、松木弘安（のちの寺島宗則）に命じて、理化学書の翻訳やガラス製造、火薬製造などの実験を始めさせた。五代の地球儀といい、松木の実験といい、彼らが幕末日本をいち早く飛び出し海外留学を企図する、その種子が斉彬によって蒔かれたことは疑いがない。

嘉永六年（1853年）ペリー率いる米国艦隊が浦賀にやってきた、いわゆる「黒船来航」で、江戸も幕府も混乱を極めた。ところが、幕府には前もってオランダ商館から長崎奉行に予告があり、幕閣（幕府首脳）は米国艦隊の襲来を知らされていたにも関わらず、長崎での交渉を求めるだけで特に対策を取らず、結果としてその無策を批判される結果を生んだ。

「泰平の眠りを覚ます上喜撰《じょうきせん》　たった四杯で夜も眠れず」と狂歌にうたわれた事件、この上喜撰とは江戸で知られた宇治茶の銘柄の名で「蒸気船」と掛けて、黒船わずか四隻（杯）で夜も眠れぬほどの大慌て、動揺ぶりだと皮肉られたのである。長州の吉田松陰は翌嘉永七年、下田に再び来航したペリー艦隊に密航を試み、失敗したのは広く知られている逸話のひとつであるが、この来航二回ともペリー艦隊は琉球に立ち寄っていた。当時は攘夷思想が日本中を覆っており、薩摩藩内部でも多くの下級武士はそういった考えを根強く持っていたことは疑いの余地がない。他方、すでに藩主斉彬が「開国して技術力・軍事力、ひいては国力を高めなくては外国勢力を排斥することなどできない」というような観点を持っており、藩内の知識人たちはこの時代を画する開明的な君主の影響を受け始めていた。

藩庁に出仕するようになった五代才助は、最初の役職「郡方書役《こおりかたかきやく》」となった。この際、家族は御蔵方（勘定方）を勧めたというが、藩財政に直接関わる役職よりも民政（当時は、民政イコール農政だった）に関わる役職を選んだという。のちに財政・経済分野で優れた才覚を見せる五代としては意外な感じも受ける。ちなみに、西郷隆盛の最初の役職は「郡方書役助《たすく》」であり、書役の下につく補佐役であったことからも城下下士であった西郷と五代との身分差が分かり興味深い。

ミニコラム

花の天保六年生まれ組

鹿児島出身の歴史作家・桐野作人氏が最初にネーミングした言葉である。五代や小松帯刀の生まれた天保六年に生を受けた人物は、幕末明治期に活躍した人物が非常に多い。それをスポーツ界や芸能界で当たり年につけて「花の◎◎年組」と言うのになぞらえて作った造語。薩摩出身では二人のほかに、天璋院篤姫（将軍・徳川家定御代所）や松方正義（大蔵大臣、総理大臣）がおり、また五代や小松と関係の深い坂本龍馬もいわば同い年である。さらには松平容保（会津藩主）、土方歳三（新選組）、井上馨（外務卿・内務大臣、長州ファイブのリーダー）、榎本武揚（幕臣）とバラエティーに富んでいる。

彼らが明治元年（慶応四年＝１８６８年）に数え三十四歳という働き盛りの世代であったことがこのような結果を生んでいるとは考えられるが、前後の年には意外と人材がばらけ、ビッグネームも集中しておらず、「花の天保六年」組の表現は的を射ているようだ。ちなみに、小松帯刀は天保六年十月十四日（１８３５年12月３日）、坂本龍馬は天保六年十一月十五日（１８３６年1月3日）で、同じ天保六年生まれでも西暦に直すとずれがある。この和暦、西暦の違いを認識していないと年末・年始の出来事、生没など誤ってしまうので注意が必要だ。

2　長崎での遊学

黒船来航後の安政二年（1855年）、幕府は長崎に「海軍伝習所」を開設。オランダ軍人を教官として、洋式海軍、操船法や航海術をはじめ、医学・基礎化学などを幕臣や雄藩藩士に学ばせた。安政四年（1857年）、二十三歳になった五代は藩から伝習生に選ばれ、長崎へ派遣された。よく知られていることだが、この長崎海軍伝習所には若き日の勝麟太郎（のちの海舟）や中島三郎助（浦賀奉行与力）ら幕臣でも優れた人材が選抜されてやってきていた。「薩藩海軍史」などによると、薩摩藩からは五代のほかに川村与十郎（純義《すみよし》、のち海軍大将）ら、総勢で十五人余りが派遣されたと伝えられている。

そのほか、のちに五代とともに上海へ渡航する中牟田倉之助（佐賀藩）や幕臣では榎本釜次郎（のち武揚、幕府海軍・蝦夷共和国総裁）、松本良順（医師）らが、この伝習所に学んだ。幕府が設立した海軍学校でありながら、雄藩（主には佐賀藩や薩摩藩など）にも、さらには技術者にまで門戸を開けていたことは特筆すべきであろう。武士でなかった、鈴木長吉（明治の金工師）や中村六三郎（砲術家、のち商船学校長）といった特異な人物も輩出している。指導にあたったオランダ軍人の一人カッテンディーケは幕府がオランダに注文した軍艦ヤーパン号（Japan のちの咸臨丸）を日本へ回航し、実際にその船で操船方法を教えた。勝が咸臨丸で太平洋を横断し、初めて米国に渡ったのは万延元年（１９６０年）のことだが、まさにこの時、長崎海軍伝習所での経験と知識があったればこそと言えよう。

長崎への留学派遣で、海軍伝習所の生徒として「数学」「地理」「砲術」「航海術」など勉学に励む一方、五代才助は薩摩藩蔵屋敷にも出入りし、現代でいう「経済的感覚」を磨き始める。薩摩藩が琉球を通じて外国と通じていたとはいえ、やはり長崎は国内において重要な流通と情報の拠点であり、藩の蔵屋敷を通じて物産を売り、あげた利益で軍備を購入するなど多様な役割があった。

五代はそこで長崎通詞《つうじ》の堀壮十郎（孝之）と出会う。堀は、その後五代とともに渡欧計画を実行し、明治維新後はビジネス・パートナーとして常に五代を支える人物として働くことになるのだが、それはずっと先の話。まず先に、今でいう通訳、「通詞」について少し説明しておかねばなるまい。長崎の通詞は、中国語やオランダ語の通訳を幕府や大名家のために務めていた役職であり、封建時代であるから代々その「通詞」の家で務めていた。薩摩藩には島津重豪《しげひで》（八代藩主、斉彬の曽祖父）の頃から、お抱えのようにしている通詞「堀家」があった。「蘭癖《らんぺき》大名」と言われるほど、重豪は長崎を訪れてオランダ商館長に直に面談するなど、オランダ語や西洋文化・科学へ非常に高い関心を持っており、通詞の家柄でも「大通詞」と呼ばれた最高位の通訳を務めていた堀門十郎（愛生、清衛）をたびたび召し出し、最終的に島津家に召し抱えたのである。以来、長崎の堀家は薩摩藩と深い縁があったことが近年の研究で明らかになっている。ちなみにペリー来航の際に幕府の通訳（オランダ語）を務めた、堀達之助（達之）は門十郎から数えて三代後の養子に当たるのだが、斉彬の知遇も受けていたことが分かっている。

堀壮十郎はその達之助の子で、長崎生まれながら薩摩藩の通詞として出仕していた。時代の要請で英語を中心に学んだ壮十郎は、弘化元年（1844年）生まれ。五代よりも九つ年下ということになり、この時はまだ十四、五の少年で、五代にとっては弟分のような存在であった。

五代が長崎海軍伝習所に学んでいた安政五年（1858年）七月、急転直下の事件が薩摩で起こる。藩主島津斉彬の急逝だ。

大老井伊直弼の「安政の大獄」の進められる中、将軍継嗣問題などで大老らを批判して抗議の軍事行動を計画し、演習を閲兵観覧中だった島津斉彬が、突然体の不調を訴えた。看病の甲斐なく斉彬は、八日後の七月十六日、五十歳で亡くなった。藩主在任はわずか七年半であった。「才助の名を賜った」と後になって吹聴しているくらい斉彬を崇めていた五代にとって、「開化の師」である藩侯の急死は大きな意味を持っていた。のちに五代と苦難をともにする、松木弘安《こうあん》（のちの寺島宗則、外務卿）はこの時長崎に遣わされており、五代とともに急報に接する。松木は至急の帰国を命じられたが、臨終に間に合わず、のち「実二此明君ヲ失ヒタルハ薩藩ノミナラズ皇国ノ不幸ナリ」と手記に残している。五代にとっても同じ思いがあったに違いない。

すこしだけ松木について触れておきたい。薩州出水郷の郷士の家に生まれ、藩医であった伯父松木宗保《むねやす》の養子となった弘安は、天保三年（1832年）生まれというから、五代よりも三歳ほど年長。十五歳で江戸への遊学を命ぜられて蘭学を学んだが、彼の秀才ぶりは斉彬の目に留まり、重用されることになった。さらに幕府の洋学校「蕃書調所《ばんしょしらべしょ》」で教授手伝、さらに教授方にまで任じられる。また斉彬の命を受け、多数の科学書、写真の技術やガス灯の技術などの書物など洋書を翻訳するなど、松木は薩摩藩の開化策・集成館事業にとっての「頭脳」の一人と言える人物であった。

前述したオランダ軍人カッテンディーケは訓練航海中に咸臨丸で鹿児島湾に投錨した際のことを手記に残しているが、中で島津斉彬との会見の際に通訳として接した松木のことを評している。「藩侯のお供のうちに聡明な人物があって注目をひいたが、それはかねてから（長崎や江戸で）その名を聞いていた松木弘安という医者でオランダ語の教師兼通訳でもあった。この人はオランダ語をしゃべらないが文章は一つも間違いなく書いた」。また別のオランダ人、医師のポンペも松木の博覧強記ぶりに驚き、装備品について「オランダ人船員でも知らない機械の原理について尋ねられ、答えられなかった」と述懐している。

五代は長崎で出会った松木を終生、「学者」として尊敬し、この後に薩英戦争・渡欧計画・明治維新と行動をともにし、信頼し続けた。

斉彬没後の秋に、一旦、五代は鹿児島への帰国を命ぜられた。しかし、長崎において外国商人や幕府官吏らとの人脈を生かし、すでに活躍の地盤を築きつつあった五代は翌安政六年、再び藩命で長崎へ赴くことになる。

ミニコラム　**咸臨丸の鹿児島寄港（1858年春）**

訓練航海で南九州を航海した際、鹿児島湾に停泊し、島津斉彬が指宿・山川港にまで出掛けて船を訪れた（「長崎海軍伝習所の日々」）。五十歳だった斉彬は、養女篤《あつ》姫（天璋院）を将軍家定の御台所（正室）に嫁がせており、将軍の義父にあたる上、幕府内でも老中阿部正弘らと親しく「明君」と評判は高かった。一方、その当時、勝麟太郎（海舟）は幕臣としてまだ身分もそれほど高くなく、三十代前半でようやく訓練の艦長役を務めるようになったばかり。この時初めて幕臣以外の大名（それも雄藩と呼ばれるような万石を領有する）に親しく接し、ことに斉彬の開明君主ぶりに感銘を受けている（勝海舟「亡友帖」）。のちに「氷川清話」など多くの談話を残す勝だが、斉彬に対して最高級の賛辞を繰り返しており、それは五代友厚や深い信頼関係を結ぶようになった西郷隆盛ら、薩摩人全般へのイメージにつながっているように思われる。

あまりドラマや小説で描かれることはないので、勝が鹿児島へ来たことや島津斉彬と直接に会ったことがあるといった話は、多くの読者が初めてかもしれない。何より、西郷と知り合うよりずっと前のこと。一方、五代は勝について語っておらず、書き残してもいないが、同じ伝習所で机を並べていた幕臣が見る間に幕府で重きをなしていった活躍を意識していたのか、ぜひ聞いてみたかったところだ。

3　上海への渡航

斉彬の死後、異母弟の久光の子茂久《もちひさ》（のち忠義《ただよし》）が藩主の座に就くことになった。男児がすべて夭折して、世継ぎのいなかった斉彬の遺言通りで、茂久は斉彬の娘、暐姫《てるひめ》を正室とした。十二代藩主となった茂久だが、天保十一年（1840年）生まれ、この時弱冠十八歳の若者だったため、藩の実権は隠居斉興が握った。斉彬と対立し極端な西洋化政策を嫌っていた斉興は守旧派を用い、集成館事業など技術革新や軍備の近代化を中止・縮小させてしまった。茂久の父である久光が後見となり、「国父」として藩政を握るようになったのは斉興の死後（安政六年九月）のことだ。

一方、時期は前後するが、長崎海軍伝習所は安政六年二月、閉鎖された。幕府はすでに江戸築地に「軍艦操練所」を開設していたため、遠い長崎で伝習所を維持する財政負担が重荷となり、大老井伊直弼の意向もあって閉鎖が決定された。長崎に戻った五代才助は蔵屋敷詰め御小納戸格の任が与えられたが、伝習所閉鎖後も長崎詰めの幕臣らと交流を持っていた。長崎通詞の岩瀬弥四郎（公圃《きみはた》）もその一人である。

「五代友厚伝」によると、岩瀬から「幕府が貿易視察のために上海に船を送る」ことを聞いた五代は渡航を熱望。「無理だ」という岩瀬に頼み込んで、水夫に扮し「密航」を成功させたという。五代はこの際、事前に外国船の購入を藩に願い出ていて、上海でドイツ船籍の汽船（ジャウジキリー号？）売却の情報を得て交渉し、十二万五千ドルの値段で購入を決めたという。翌日には地元上海の新聞（当時、すでに英字新聞が発行されていた）に「一水夫が蒸気船を購入した」と掲載され、大騒ぎになったと、五代は語っていた。これが薩摩藩の天祐丸となったと五代は説明しているが、「薩藩海軍史」には、天祐丸は万延元年（１８６０年）長崎で五代が購入した英国船「サー・ジョージ・グレイ号」（Sir George Grey）との記述がある。後年の語り（「五代友厚伝」）での五代の記憶違いか、あるいは当時ドイツとの商取引の条約もなかったため、英国商人グラバーを介して日本に回航し鹿児島へ船がやってきたのが、「薩藩海軍史」の記述にある年月だった、と考察できる。グラバーとのつながりは後で詳述する。

高杉晋作（右）と坂本龍馬。ともに五代の影響を受けて、開化富国策に目覚めた

いずれにせよ、幕府の船で密航しておきながら大胆不敵、誰も真似のできない行動力と言わざるをえない。ちなみにだが、この頃、坂本龍馬はまだ土佐藩を脱藩する前であり、高杉晋作は江戸で幕府の昌平黌《しょうへいこう》（昌平坂学問所）で学んでいたが、捕えられた師・吉田松陰を獄中に見舞った時期。後年「西の五代、東の渋澤栄一」と実業界のライバルのように比較される渋沢に至っては、やっと二十歳になったばかりで江戸に出る前、一橋家に仕官する（1863年）よりも以前のことだ。時代の先駆者と呼ばれた、これらの同時代人と比べても五代の抜きん出た開明・先進ぶりがうかがい知れる。

文久二年（1862年）三月、薩摩藩の国父（藩主の父）久光は公武合体を掲げ、兵千人を率いて上洛の途についた。いわゆる久光の卒兵上京で、その後勅使を奉じて幕府改革を迫るというものだった。この薩摩藩の決断と行動は、幕末への動きを加速する。もし幕府の力が強い江戸期前半にこういった「実力行使」をしようとすれば、間違いなくお家取り潰しになるような話であるが、桜田門外の変（安政七年＝1860年）などを経て幕府の権威は失墜しており、幕府だけでは薩摩藩をとがめることさえできなかった。久光の意図としては、朝廷と幕府の協調を図り、幕政改革（一橋慶喜と松平春嶽を政権に復帰させること）と雄藩協調によって立て直しを図るつもりだったが、大局的な視点ではかえって幕府の弱体化をさらす結果にもなった。

五代もこの時、大阪へ行っていた。久光に直々、上海渡航を願い出るためである。ところが、京大阪では尊王攘夷派の浪士が不穏な動きを見せていた。「西南の雄藩、薩摩がついに動く」との噂は、久光の「斉彬の遺志を守り、幕府改革を行う」という考えを正確には反映しなかった。噂が噂を呼び、尊王攘夷派の志士らは、あるいは脱藩し、あるいは同志をこぞって関西へ向かった。討幕への機運が高まったのである。

実は坂本龍馬の土佐脱藩もこれと無縁ではない。直前、吉田東洋（土佐藩参政）暗殺があり、土佐勤王党・武市瑞山《ずいざん》（半平太）の過激路線とたもとを分かつことを決心した坂本は同年に土佐を離れ、一路下関（久光一行の途上）を目指す。この時、薩摩藩が「討幕」の軍を起こしたら歴史はどうなっていたかは分からないが、「薩長同盟で名を残す」ことにならなかったし、今日のような知名度は得られなかったに違いない。ちなみに歴史の不思議であるが、吉田東洋を暗殺した下手人の一人、大石団蔵は同時期に土佐を脱し、長州の久坂通武（玄瑞、吉田松陰の妹・文の夫）の口利きで京の薩摩藩邸にかくまわれた後、鹿児島に赴く。大石はそこで高見弥一と名を変え、薩摩藩士として、のち五代が計画する英国留学生派遣に加わることになったのである。

話を五代に戻そう。

文久二年四月、再び幕府の船が上海へ向かうことになっていた。黒船来航で鎖国体制が終焉しても依然、幕府は積極的に外国貿易を進めていなかったが、朝貢貿易しか認めてこなかった清に対してオランダを介して貿易ができないか、探りを入れる意図があった。「千歳丸《せんざい》」という船で、幕府使節・勘定方をはじめ幕吏や長崎商人ら五十人余りが乗船。幕府は日本からの輸出を試験的に行おうとしていて、主な産品として干しアワビ、煎りナマコ、昆布などの俵物、さらに石炭百五十トンなどを積み込んで長崎を出帆した。

表向き幕府使節であったが、これには幕府役人の付き人（従者）との名目で、長州の高杉晋作や佐賀の中牟田倉之助ら、各藩から「国外視察をする」有志も交じっていた。大名の一家臣では渡航資格がなかったため、代わりに各藩は幕臣に対して謝礼（木綿などの織物や金銭）を贈って、従者にもぐりこませたのである。わざわざ大阪に出向いてまで藩に働き掛け、幕吏のつてを探った五代だったが、従者の空きがなく、またも一水夫に変装して渡航するはめになった。五代はのちになってこの話をしているので、まったく話の筋が同じようにも思われる（可能性として、一つの話の時期を間違っているかもしれないと指摘しておきたい）。

一方、筆まめだった高杉晋作は「遊清五録《ゆうしんごろく》」という渡航記をつけていた。天保十年（1839年）生まれの高杉は、当時藩主世継ぎ（毛利定広）の小姓で二十二歳というから五代より四歳下だ。幕臣の犬塚某の従者という名目であったが、渡航中に高杉は同行した幕吏たちの堕落した態度や無気力に失望し、手厳しく批判している。安政の大獄で吉田松陰を失ったこともあり、また「商人らが幕府役人に賄賂を渡して結託し不当な利益を得ようとたくらんでいる」との話を耳にしていたせいもあった。

そんな高杉が人物を認め、手記の中にたびたび登場させているのが、水夫に化けた薩摩藩士・五代才助と佐賀藩の中牟田倉之助の二人だ。もちろん五代は長崎海軍伝習所で中牟田とは旧知の間柄であったが、五代と初めて話をした高杉は以下のように書く。

「一見旧知の如く、肝胆《かんたん》を吐露して大いに志を談ず。海外に去りて国益の友を得る、また妙なり」

二人の意気投合ぶりがうかがえる。五代は高杉に薩摩藩が購入した蒸気船の話をし、また今回の渡航でも船を購入する計画であることも話した。高杉は水夫に化けた五代を「薩（摩）の蒸気船の副将くらいの処を勤める者の由」と書いているが、そのころ五代は外国掛から船奉行副役《そえやく》になっていた。高杉は幕吏らへの失望の一方で、五代の行動力や見識に驚き、感心した。「薩藩海軍史」によれば、このとき五代はまた蒸気船購入を果たし、その船は薩摩に回航された後「永平丸」と名付けられた。

上海滞在中も、高杉はもっぱら英語の得意な中牟田や五代と行動をともにし、蒸気船に乗ったり、アームストロング砲の見学に赴いたり、租界（外国人居留地、治外法権が認められた）を見物して米英蘭仏の商館・領事館なども訪ねたりしている。そこで、列強に侵略され、虐げられている中国の民の様子を見て、彼らは大きな衝撃を受けた。五代は後年、藩への上申書の中でこのことにふれ、ただやみくもに攘夷を唱え、外国勢力排除を行っても、軍事力が伴っていない日本の現状では「インドや清のように侵略されるのがおち」で、まず技術力・経済力を高めることが先決だと考え、強い調子で訴えてもいる。

攘夷派で知られていた高杉も、五代に刺激を受けたことは疑いもなく、いまだ蒸気船を持たぬ長州藩のために「遅れをとってはならない」と考え、蒸気船購入を企図するようになる。上海から帰国後の話ではあるが、オランダの蒸気船を購入する契約を独断ですすめたものの、長州藩内部で問題になって、結局オランダ側も手を引き破談になってしまった。高杉は清の衰微の原因を「外夷を海外に防ぐの道を知らざるに出《いで》し事に候。其の証拠には万里の海濤《かいとう》を凌ぐの軍艦運用船、敵を数十里之外に防ぐの大砲等も製造成さず」にいたからだと指摘し、「空しく歳月を送り、断然泰平之心を改め」なくては日本も上海の二の舞になると主張した（「蒸気船和蘭国へ注文仕り候一条」）。

千歳丸は七月初旬に長崎帰着した。出港は四月二十九日であったから、二か月ぶりの帰国だった。その後も長崎で高杉と五代、中牟田の交流は続いた。

上海から戻った五代才助は、すぐさま藩命によって江戸に向かった。

寺田屋事件をへて朝廷（特に公武合体派）の信頼を得た薩摩藩の「国父」島津久光は、勅使・大原重徳《しげとみ》を奉じて江戸へ下向し、幕政改革を迫った。勅命の要点は三つ、一つは将軍が諸大名を率いて上洛し朝廷の命に従うこと。二つ目は沿海五大藩主（薩摩・長州・土佐・仙台・加賀）を五大老として幕政に参加させる。そして三つ目に一橋慶喜を将軍後見職とし、松平慶永（春嶽）を大老とすること―だった。だが、時の老中板倉勝静《かつきよ》、脇坂安宅《やすおり》ら幕閣はなかなか色よい返事をせず、一つ目の要求、将軍（徳川家茂）の上洛を約束したものの言を左右にしていた。業を煮やした勅使大原は強硬策に出た。伝奏屋敷に老中を呼びつけ「勅命に従うか、従わぬか、即答せよ」と迫り、「変に及ぶぞ（斬るぞ）」と脅したのである。控えの間には大久保一蔵が薩摩藩士を伏せてあったと言い、本当に返答次第では二人を討ち取るつもりだったという。老中らはついに折れ、七月初旬に三つ目の要求を認めた。すなわち一橋慶喜を将軍後見職、松平慶永（春嶽）を政治総裁職（大老は譜代の大名で、慣習として徳川家一門はなれない、との理由）とすることで決着を見た。これが「文久の改革」と呼ばれる。

先にもふれたように、島津久光は薩摩藩の最高権力者ではあるが、藩主の父でしかなく（前藩主でないので）無位無官のいわば陪臣《ばいしん》（大名や旗本の家来）に過ぎない。勅使警護役ということではあっても、兵を率いて江戸に乗り込んだのも幕府始まって以来の椿事なら、幕府がその言いなりに「改革」をのんだのも前代未聞の出来事と言えよう。幕府の権威が落ちたのと同時に、薩摩藩への「討幕」への期待感は高まった。

その島津久光のもとへ、五代は上海での首尾を報告するため向かっていたのである。東海道を江戸に向かう途上、八月十三日金谷宿（現在の静岡県島田市金谷）で、五代は長州藩士・桂小五郎（のち木戸孝允《たかよし》）と出会い、「ともに江戸へ行き、大久保（利通）や小松（帯刀）に紹介したい」旨、誘ったという。これは「松菊木戸公伝」にある話で、ちなみに「松菊《しょうぎく》」はのちの木戸の号である。この時、桂は長州藩世継ぎ毛利定広の供をして江戸への途上であった。のちの禁門の変（蛤御門の変、１８６４年）以降は犬猿の仲と言っていいほど対立し、不仲となってしまう薩摩と長州であるが、この時点では志士同士の交流も盛んで、特に開明的で社交的な五代は進んで話をしていたことが分かる。高杉に続いて桂（木戸）にも「薩摩に五代あり」との印象を与えたようだ。

ミニコラム　二つの寺田屋事件

高杉晋作の渡航記「遊清五録」には、五代のもとに届いた「国書（国元からの手紙）」について興味深い記述もあった。「書中に京摂（京大阪）の間で少し変があった。貴藩（長州）もこれに関係している、と聞いた」とある。これは五代らの船が長崎を出港する直前、四月二十三日にあった「寺田屋事件（寺田屋騒動とも）」のことである。尊王攘夷の過激派志士は、薩摩藩を中心に諸藩から集まり伏見の船宿「寺田屋」で蜂起のための話し合いを行っていた。寺田屋は伏見の薩摩藩邸に近く、藩士らの定宿であった。蜂起は京都所司代や関白邸を襲い、無理やりにでも討幕の兵を起こそうという計画で、これは当時の島津久光の意図「公武一和」とは掛け離れたものであった。計画を知った久光は、大久保利通らに命じて有馬信七ら急進派の説得を試みたが成功せず、「上意討ち」を命じる。「誠忠組」と呼ばれた薩摩藩士同士の斬り合いとなった事件であり、報を受けた五代はともに育った仲間同士の斬り合いを思い、悄然となったに違いない。

ちなみにこの同じ寺田屋で、坂本龍馬が襲撃された「寺田屋事件」も起こった。薩長同盟の直後、慶応二年一月二十三日（1866年3月9日）のことで、坂本龍馬を幕府・伏見奉行所の捕り方が捕縛しようとした。現在では寺田屋事件というともっぱら、こちらを思いつく方が多いかもしれない。お龍《りょう》が機転をきかして逃がそうとするドラマや映画のシーンが印象的だし、龍馬が高杉晋作にもらったという拳銃（上海で手に入れたとされる）で応戦する場面もご存知かと思う。この事件で難を逃れた坂本龍馬とお龍は薩摩藩にかくまわれ、海路鹿児島へ、さらに霧島へと向かう。これが「日本初の新婚旅行（ハネムーン）」と後世になって言われるようになった。

4　薩英戦争

ここで五代の予想もしなかったことが起こる。五代の江戸到着と入れ違いに、京へ向け出発した島津久光の行列が「生麦事件」を引き起こしたのである。

文久二年八月二十一日（1862年9月14日）、江戸高輪の薩摩藩邸を出発した久光一行は、東海道の生麦村（現在の横浜市鶴見区生麦）に差し掛かったところ、騎乗の英国人四人と遭遇した。島津久光は勅使を奉じて幕政改革を強行したばかり、その行列も精鋭を引き連れており、行列は七百人を超していたと推察される。側役として小松帯刀、大久保一蔵（のち利通）、近習番には松方正義（のち大蔵卿、首相）らも帯同していた。

一方、横浜から川崎大社へ見物に出かけようとしていた、英国商人のリチャードソン、マーシャル、クラークとボロデール夫人の四人は、日本の風習をよく理解せずに行列に遭遇し、先ぶれの藩士の制止も分からずに馬で乗り入れてしまった。「大名行列を横切れば斬り捨て御免」というのは読者もよくご存知であろう。久光は厳密には大名ではないけれど、当時の日本人ならそんな無礼を働けば命がないのは常識である。ましてや精強を誇る薩摩藩の行列、外国人といえど無傷ですむはずはない。実は幕府はこの日の前日、横浜の外国公使館に警告を発しており、東海道に遠出せぬ旨を注意していたのに不幸にも彼らには伝わっていなかった。

　斬りつけられたチャールズ・リチャードソンは深手を負って落馬し、有村俊斎（のちの海江田信義）にとどめを刺された。ボロデール夫人らは斬りかかられたものの逃げて居留地にたどり着いたという。実は、この時リチャードソンの遺体の検視をしたのは、のちに五代才助や小松帯刀らと関係を持ち、鹿児島に西洋医学の病院を初めてつくった英国人医師ウィリアム・ウィリスであった。

イラストレイテッド・ロンドン・ニュースに描かれた大名行列（薩摩英国館収蔵）

　江戸は騒然となった。横浜から英米仏が軍隊を出して「（島津久光）行列を襲撃するのではないか」との噂も流れた。行列は何もなかったかのように西上したが、薩摩藩邸からは幕府へ届けが出された。「足軽岡野某が行列をさえぎった異人を斬って逐電（逃げた）」したという嘘、今でいえば虚偽報告で、幕閣は頭を抱えることになった。先に無理やりの幕政改革を押し付けられ、次いで「攘夷事件」の後始末をさせられるはめになったのである。

事態を受けた英国代理公使ジョン・ニール（公使ラザフォード・オールコックは帰国中）は、英武官や各国公使らと話し合いを持った。中には「直接報復」を求める強硬な意見もあったものの、冷静に説得、自ら幕府と交渉して賠償を求める方針を立てた。英国政府は幕府に賠償金十万ポンドを求め、薩摩藩に殺害犯の逮捕・引き渡しを要求。当時の日本で換算してざっと二十五万両という莫大な額だった。

五代は江戸から慌てて長崎へ戻ることになった。英国との交渉、さらには開戦の危機も予想し、五代は長崎人脈で英国商人トーマス・ブレイク・グラバーに対英工作を相談する。現在観光地として知られるグラバー邸の住宅は、ちょうどこの生麦事件から薩英戦争へと時代が動いた文久三年（1863年）に建築されたものだから、五代はこの洋館を訪れたことになる。

五代はすでに文久二年一月、グラバーを通じて蒸気船購入の話を進め、それを実現していたし、上海での汽船購入でもグラバーを介して回航していた。生麦事件以前に、薩摩藩はすでにグラバー商会と貿易の実績があったわけで、五代ともにと長崎蔵屋敷詰めであった蓑田伝兵衛、中原猶介《ゆうすけ》らは、信頼関係で結ばれていたグラバーに折衝を依頼し艦隊派遣の回避を画策した。

「五代友厚伝」によると、五代は松本良順（長崎海軍伝習所で五代と学ぶ。医師・佐倉藩出身）に以下のように話したという。「英国艦隊は鹿児島に向かう途次、石炭補給のため長崎に寄港するだろう。其の時、余（五代）は英国公使に面談し、賠償金一万ポンド（実際の要求額は二万五千ポンド）を支払って彼らを横浜に帰航させた後、余は僭越《せんえつ》の責を一身に負い潔く屠腹《とふく》（切腹）し、罪を君公に謝すつもりだ」

文久三年（1863年）五月、幕府からの賠償金十万ポンドを受け取った英国側は、薩摩藩にはリチャードソン殺害の責任者（実行犯の意味か）の逮捕・引き渡しと謝罪、遺族への賠償金二万五千ポンドを要求していた。ところが、薩摩藩は正式に英国側に返答することなく「国内の慣例に従った（無礼者を斬った）だけで、外交上の責任は幕府にある」という態度に終始したため、ついにニール代理公使は決断した。

六月二十二日、英国艦隊七隻が横浜を後にした。最新鋭のアームストロング砲が装備されていた旗艦ユーリアラス号（2371トン）以下、パール号、アーガス号、パーシュース号、レースホース号、コケット号、ハヴォック号で、当時としては世界最強の艦隊であった。旗艦にはニール代理公使、艦隊司令のキューパー提督以下、通訳としてシーボルト・ジュニアやアーネスト・サトウ、医師のW・ウィリスらが乗り組んでいた。当時、長州が「攘夷実行」を敢行し馬関（現在の下関）海峡を一時封鎖（外国船無差別砲撃、しかし、四カ国連合による報復にあい砲台占領となった）していたこともあって、英艦隊（スコードロン）は鹿児島へ太平洋を直航。五代の予想は見事に裏切られた。英国政府の情報収集を頼んでいたグラバーからは「英国側は実力行使が目的でなく、あくまで武威の誇示によって交渉するつもりなので、入港しても決して薩摩側から攻撃をしないよう」忠告を受けた。

陸路、鹿児島に戻った五代を待っていたのは、「攘夷一色」の熱狂状態で「臨戦態勢」の城下であった。特に英国側が求めた「リチャードソン殺害の責任者引き渡し」という条項が、「薩摩藩侯（茂久か、あるいは久光）の引き渡し」と誤解されて伝わり、藩士らがこれに強い反発、「国辱」との怒りをかきたてたのは想像に難くない。「尊王攘夷」思想の強かった薩摩藩では「英国なにするものぞ」「返り討ちにしてやる」という強硬派の主張が蔓延していた。

城下に着いた五代は、家老となった小松帯刀から、御船奉行・松木弘安（寺島宗則）とともに藩船三隻を任される。いずれも五代が購入のために骨を折った、天祐丸（746トン、英船イングランド号）・青鷹丸《せいおう》（492トン、英船サー・ジョージ・グレイ号）・白鳳丸（532トン、米船コンテスト号）の虎の子の洋式蒸気船であった。だが、排水量を見比べれば分かるように、英国側の軍艦と比較すれば一桁も違い、同じ蒸気船と言っても大人と子供ほどの大きさの差があった。当然、大砲の数の差も歴然としていた。松木が後に記した「自叙」(寺島宗則関係文書)には、この際、五代とともに三隻を鹿児島湾の外(坊津)へ退避させようと建策したことが書かれている。しかし、この案は実力者の一人、側役の中山中左衛門(実善)によって「卑怯未練の行為」と却下されてしまう(「薩藩海軍史」)。

この中山中左衛門は、のちに「久光四天王」と呼ばれた幕末島津家の家臣の一人で、特に久光の信認の篤い実力者であった。四天王とは久光が取り立てた有能な人材のうち、家老の小松帯刀(清廉《きよかど》)、側役・大久保一蔵(利通)、御小納戸役・伊地知壮之丞(のち貞馨《さだか》)と中山のこと。このうち一番家柄が良いのは小松だったが年が若く、この時点で大久保よりも発言力があったのは中山であったという。

五代は諦めず、「英国と戦うのは無謀」とし条件を呑んで和平交渉をすべきと説得して回るが、中山以下の強硬派から「薩摩武士の面目を汚す臆病者」「英国側に通じているのではないか」との噂も流れ、斬られかかるほどになってしまった。開戦を覚悟し、交渉解決への道を閉ざされた状態で、無策暴論が大勢を占めた藩庁では「西瓜《すいか》売り決死隊」の計画がなされる。藩士七十人余りが西瓜や野菜売りに化け、小舟に乗って各英艦船に近づいて、斬りこみ、艦船を乗っ取るという案であった。

松木は「自叙」に以下のように記す。

「然れども余（松木）と五代とは下町海岸の一旅舎に在りて動静を窺へり。

次日西瓜の策行はるべき密議を聞き、戦議（開戦）動かすべからざるを嘆し、二人相携へ歩して市街を過ぐれば、市人家財を運搬するの状火災の時の如し」

五代らは致し方なく、自分たちの乗り組んだ軍艦三隻を湾奥の重富（現在の姶良市）近くの岬かげ、英艦隊から見えぬよう死角となる脇元浦の沖合へ移動させた。

文久三年六月二十八日（8月12日）、鹿児島城下の目前、桜島を背にして英国艦隊がその威容を見せた。英国側は国書を薩摩藩側に渡し、先の条件、賠償と実行犯の処罰・引き渡し、並びに謝罪を改めて求めた。翌二十九日、血気にはやる藩士たちによって「西瓜売り決死隊」が実行に移された。奈良原喜左衛門や海江田信義ら生麦事件の「実行犯」も含んだ決死隊は、国書に対する答使と西瓜・果物売りに変装し艦隊に接近。使者を装った一部は乗艦に成功したが、警戒されてほとんどの者が英艦への乗船を拒まれたため、奇襲作戦は中止となり退去せざるをえなくなった。薩摩方言には「ぼっけもん（木強者）」という言葉があり、これは「大胆で向こう見ず、怖いもの知らず」という意味なのだが、まさに「事件の実行犯を渡せ」と言っている相手の目の前に、その本人たちが乗り込んでいっているところなど、薩摩武士の「ぼっけもん」ぶりが伺えるのではないか。

キューパー提督は翌々日の七月二日朝、五隻の軍艦を重富沖に差し向け、五代と松木の乗っていた汽船三隻を賠償金の担保のために拿捕《だほ》した。抵抗した本田彦十郎は射殺されたが、驚いた水夫らは海に飛び込んで逃げた者もいたという。青鷹丸にいた五代や松木は捕縛されたが、英語の堪能な松木は冷静に抗議した。

「まだ開戦の布告もなく、当方の艦船を掠奪しようというのは不法も甚だしい。決して船を引き渡さない」

二人は船を守る責任感から自発的に捕虜となり、ほかの乗組員らを解放するよう申し入れた。この時、公使館員で通訳のアーネスト・サトウがここに居合わせ、のちに手記にその模様を記している。

「二人の日本人がサー・ジョージ・グレイ号（青鷹丸）に残っていて、私（サトウ）に向かって五代と松木弘庵（弘安のこと）であると名乗った。旗艦に移されてから二人はオタニとカシワという変名を用いた。前者（五代）は気品のある容貌のすこぶる立派な男で、私の見るところでは船長だったと思う。もう一人（松木）は医者だったが、この人物は1862年の第一回遣欧使節（幕府が送った）に随行して欧州へ行き、ちょうど帰国したばかりであった」（「一外交官の見た明治維新」）

五代と松木は旗艦ユーリアラス号に捕らわれの身となったが、サトウの記すように松木は蕃書調書教授方から、幕府の遣欧使節に選ばれて派遣されたくらいの当時としては一流の知識人であり、英国側にも松木を知る人は少なくなかった。これも島津斉彬の撒いた種子であったといえよう。五代もグラバーとの緊密な関係から人脈もあり、二人は想定外に捕虜とはなったものの、相手の懐に入ったことで「まだ交渉を諦めない」思いを持ったのである。

一方、陸では小松、大久保らが対処を迫られていた。本陣を海岸に近い鹿児島城（鶴丸城）から、西方山手（現在の鹿児島市武）へ移し、藩主茂久・久光父子を安全な場所に退避を願った。拿捕された藩船三隻は桜島袴腰（城下から見える位置、桜島西岸）沖まで曳航された。それが開戦のきっかけとなる。

七月二日（8月15日）正午、薩摩側の砲台がいっせいに英艦隊へ向け、火ぶたを切った。おりしも台風が接近していたらしく、激しい風雨が湾上を襲っていた。旗艦ユーリアラスの停泊していたのは桜島と天保山砲台との中間点あたりだったが、見る間に風に流されて、薩摩側の大砲の射程内「おあつらえ向きの的《まと》」の位置にきてしまった。さらに英国側には油断もあった。サトウによれば、弾薬倉庫の扉の前に、幕府からの賠償金十万ポンド分の千両箱が無造作に積んだままだったというのである。最新鋭のアームス

薩英戦争の様子。イラストレイテッド・ロンドン・ニュースが報じた。英艦隊には画家ワーグマンが同行し、様子を詳しく伝えている（薩摩英国館収蔵）

トロング砲など三十五門も搭載していたユーリアラス号の反撃は、二時間ほど遅れた。

交戦は約四時間、英国艦隊七隻のほとんどが被弾し、特に損傷のひどかったのは旗艦ユーリアラス号だった。甲板に直撃を受け、艦長ジョスリング以下二人の士官が死亡、けが人も十数人出た。英艦隊全体で死傷者は六十人に達した。薩摩側の弁天波止場、天保山などの各砲台は善戦したと言えるだろう。しかし、薩摩側の被害は大きかった。砲台はすべて破壊され、五代らが「自分たちが捕虜になることによって無傷で返す」と約束した三隻の汽船は、キューパー提督の命令下、無条件で燃やされ沈められた。戦闘による藩士の死傷者こそ十数人と少なかったが、磯（鹿児島市街の北東部沿岸）にあった集成館、武器工場・鋳鉄施設などが焼失。城下の沿岸部かなりの部分が焼かれてしまった。戦闘は実質的に一日で終わり、翌七月三日、英国艦隊は桜島の砲台を攻撃しながら南下し、湾口（山川港沖）まで退却した。

これが薩英戦争と呼ばれる。サトウによると、ニール代理公使とキューパー提督との間に作戦について、意見の齟齬が生じてしまったことや、アームストロング砲の暴発（実戦での使用は世界初だった）や弾薬、燃料の不足が撤退の理由であった。アームストロング砲は後装式の施条砲で炸裂弾を撃てるという、当時の最新技術の粋を集めた兵器で射程距離が長く命中精度も高い大砲であった。しかし、禁物とされる腔発《こうはつ》事故（砲身内で弾丸が破裂し、後方へ暴発する）が起こりやすく、こういった事故が起これば、砲門の担当者はほぼ全員死んでしまう。それがユーリアラス号で起こったのだった。

五代と松木は旗艦ユーリアラス号で、キューパー提督以下の尋問を受けた。彼ら二人は最初から非戦交渉派であり、英国艦隊の武力の凄まじさをよく知っていた。ニール代理公使は当初から戦闘をするつもりはなく、艦船を薩摩砲台の射程外の位置に停泊し「威嚇」によって交渉を進める考えであったから、二人に上陸戦の可否まで訊いたようである。五代は「わが薩藩は武をもってなり、いわんや今回は国家の大事にのぞみ、陸上十万の精鋭は一人として生を欲するものがいない。しかも陸戦はそのもっとも得意とする所であるから、貴国水兵の陸戦隊の上陸を決死奮戦の意気込みでまちかまえている」と主張し、無益な戦いを続ける必要はないと、交渉で事態を解決するよう説得したという

（「五代友厚伝」）。

英艦船に乗り込んでいた通詞（通訳）、清水卯三郎《うさぶろう》（瑞穂屋）が二人に出会い、この際のことを回想している（「己《わ》がよのき」）。清水は武蔵の国羽生《はにゅう》（現在の埼玉県羽生市）の豪農の出で、蘭学に目覚め箕作秋坪《みつくりしゅうへい》（松木とともに文久遣欧使節に参加した。蕃書調書教授手伝）の門弟でもあり、松木とは英学仲間であった。松木は清水を認め、嬉しそうに微笑んだという。

五代はこの時、「船を奪われたのは腹立たしく、無念やるかたない。火薬蔵に火を放って死のうと思ったが、よき折がなく、果たせなかった」と口惜しがった。すると松木は「（五代が）そうすると思って、付きまとって妨げたのだ。ここで死んでは犬死にだ」と話し、五代も「誠に。今考えれば、犬死にだな」と苦笑したという（「五代友厚伝記資料」）。戦いが無益であることを知っていた五代だが、一方で生きて俘囚（捕虜）となる恥も知っている。

英海軍の東洋艦隊を率いたキューパー提督（イラストレイテッド・ロンドン・ニュース、薩摩英国館収蔵）

五代はキューパー提督に向かって、汽船三隻を破棄したことに強く抗議した。五代にしてみれば、この薩摩藩側汽船は自身がこの数年間、苦労して手に入れた虎の子の洋式船であり、抵抗らしい抵抗もみせずに捕虜になったのも、三隻を無傷で返してもらうため（ニール代理公使は賠償金の担保にする考えだった）だったのだから、その無念さはひとしおであった。

一方、清水は彼の一存で、松木と五代の身を保護することを約束し、英国側にもそれを伝えた。「松木は今の日本にとって必要不可欠な人物だ」と、清水は一身を投げ出す覚悟だったという。

「大善戦」ではあったが薩摩藩側では、西洋文明の威力、その軍事力の強大さを知り、「攘夷は不可能」と悟り、その愚かしさを改めて認識させられた。戦後、威勢の良い攘夷論はなりをひそめ、小松帯刀や大久保一蔵らが中心となって一藩割拠体制へ転換、急速な近代化と開国への道を歩み始める。

ミニコラム　**トーマス・ブレイク・グラバー**

スコットランド生まれの英国人で、安政六年（1859年）にジャーディン&マセソン商会の出先として長崎に来たグラバーは。2年後の1861年、同商会の「日本代理店」としてグラバー商会を設立、英国の日本における貿易を一手に任されることになった。この時、グラバーはまだ二十三歳だった（五代は二歳年長）。

英国東インド会社を引き継ぎ、極東貿易を牛耳ったジャーディン&マセソン商会は香港に設立され、上海の租界（居留地、バンド＝外灘）の一等地も占めた大商社であった。茶や綿花はもとより、銃砲や艦船など軍備もアヘンまでも取り扱った。総合商社といえば聞こえはいいが、現代的な目でみれば「死の商人」とも言える。悪名高いアヘン戦争の原因となったアヘンも、この商会の中国（清）への輸入が原因であり、グラバーはこの恐ろしい商社の「日本市場開拓者」として派遣されたのである。

ちなみに現在、グラバーがフリーメーソンだったとする俗説がいわれるが、実は長崎市の「グラバー園内」にあるフリーメーソンのマークの入った門はまったく別の場所から移設（長崎市が観光目的で）されたもので、グラバー本人とは無関係である。従って、五代や坂本龍馬がフリーメーソンだとかいう説は説得力がない。一方で、五代がグラバーから「世界経済のいろは」を学んだことは間違いない。さらに言うならば、グラバーは五代から日本の国内事情の知識を入れたことは想像に難くない。また、グラバーの妻、ツルを彼と引き合わせたのは五代である。1870年頃のことで、グラバーはツルとの間に、倉場富三郎（倉場はグラバーの当て字）とハナの二人の子供をもうけた。

5　五代才助上申書

捕虜として連れ去られた五代才助と松木弘安は、英国艦隊とともに横浜に到着した。文久三年七月六日（1863年8月19日）のことである。五代と松木は、「幕府の役所に訴えて申し開きをするか」と考え相談したが、清水卯三郎はこれを否定し「薩摩藩が幕府に引き渡せと要求するに違いない。（中略）必ず重い処罰があろうから、ひとまずどこかに身を隠してほとぼりの冷めるのを待ったら」と忠告したという。

一方で薩摩藩側では、五代ら二人が英国に内通し、戦わずに逃げたスパイであるというデマが流れ、二人の行方を捜していた。

横浜に停泊するユーリアラス号に身柄を拘束された二人のところに、清水は米国人で領事館書記を務めるユージン・ヴァン・リードを連れてきた。彼はキューパー提督からすでに事情を知らされており、二人の身元引受人になることを承諾した。ヴァン・リードは松木とは旧知であり、英国側に掛け合い、英国領事ガワーから二人の釈放を許可してもらったという。

このヴァン・リードは貿易商でもあり、実は生麦事件にも遭遇した時代の証人の一人である。事件の起こる直前、彼は東海道で、島津久光の行列に遭遇したが、日本の習慣に通じていたので馬を降り、頭を下げて行列の通過を待ったので事なきをえた。ヴァン・リードは手紙の中で「斬られた英国人は日本の風習を知らず、悲劇に巻き込まれた。自ら招いた災難だ」と記している。

話を戻そう。

夜更け、ヴァン・リードがボートを用意し、商人の恰好に変装させた五代と松木を乗せ、神奈川へと漕ぎ出した。ところが悪天候で、十人がかりで漕いでもボートは進まず、深夜一時ごろまで掛かって羽根田（現在の東京・羽田）の浜に着いた。英艦船を離れてから五時間近くかかったという。その後、七月十一日に清水にともなわれて武州埼玉郡羽生村に行き、匿われた。

また、清水は危険だからと熊谷四方寺村の吉田家へ二人を移した。吉田家は清水の親戚で、当主吉田六左衛門は「不朽堂」という私塾を開いていた篤学の士で豪農だった。次いで幕吏の目を避けるように、下奈良村にあった吉田家の分家に匿った。ちなみにだが、この時のことが縁で、吉田家の息子・養子たちは後年明治政府に出仕し厚遇をえることとなった。

二人は幕吏だけでなく、薩摩藩からも探索されていたが、九月、英国との事後交渉に横浜へ派遣された藩士、重野厚之丞（のち安繹《やすつぐ》、歴史家・書家）らが藩庁への報告として「二人が横浜にいるのか、箱館（函館）あたりにいるのか不明で、外国人も秘している」と記している。

九月から十月にかけ三回にわたって、薩摩と英国の和睦談判が横浜で行われた。英国側はニール代理公使、薩摩藩側は重野を中心として、補佐役の岩下左次右衛門（方平《みちひら》、のちパリ万博薩摩藩使節団長）、支藩佐土原藩家老の樺山久舒《ひさのぶ》らが交渉を行った。英国側が従前の通り、賠償金二万五千ポンド（六万両余り）の支払いと犯人の逮捕・引き渡しを求めた一方で、薩摩側は藩汽船三隻の掠奪破棄や城下の戦禍被害を訴え、交渉は難航した。幕府が間に入って斡旋、和睦を促して結果的には、薩摩藩は賠償金を幕府から全額借り入れて支払い、さらに英国側に軍艦購入の斡旋を承諾させることで決着した。実行犯（生麦事件の責任者）は依然「逃亡中」として、逮捕・処罰は問われなかった。交渉で薩摩側には実質的に「勝利」であり、英国側は賠償金を得たが、それ以上に

英国側の代表を務めたニール代理公使（イラストレイテッド・ロンドン・ニュース、薩摩英国館収蔵）

薩摩藩の交渉術や人的なつながり、評価を高め、薩英の距離が急速に近づいた。損をしたのは、賠償金を貸してまで和睦の斡旋をした幕府で、明治維新のため薩摩藩はこの借金を返すことはなかった。

清水やヴァン・リードとの手紙で、薩英の和睦がなったということを知った五代才助は文久三年師走、居ても立ってもおられなかったのか、たまらず長崎へと出立した。長崎海軍伝習所時代からの友人・医師松本良順に頼み込み、その下僕・川路要蔵と偽って手形を得、吉田家の養子・二郎を伴っての旅だった。一方松木は我慢強く、吉田家に身を隠し続けた。沈着冷静な松木と、行動的な五代との二人の性格の違いが分かる。ちなみに松木はこの後、翌年（元治元年＝１８６４年）江戸に出て薩摩藩邸に詰めていた中原猶介（長崎で非戦をともに訴えた）に会い、その半年後の七月に帰藩を許された。

五代は長崎に到着し、素封家で交友のあった酒井三蔵（三造）のところへ身を寄せた。この時、すでに五代は長崎の女性（徳永、坂本）広子との間に、治子《はるこ》という女の子をもうけており、出入りの商人や通詞・堀壮十郎らに頼んであったとはいえ、心配であったことは間違いない。当初、五代はこの広子という女性を鹿児島の五代本家には内緒にしていた。

この間、すなわち薩英戦争の講和交渉が行われ、五代が関東に潜伏していた時期に、政治の中心・京では大きな動きがあった。孝明天皇の意を受けた会津藩と薩摩藩の公武合体派が、長州藩と三条実美ら七卿ほか尊攘急進派を京から追放した、いわゆる「八月十八日の政変」（文久三年八月十八日＝1863年9月30日）である。これによって、「攘夷討幕への期待を集めていた薩摩が、穏健派・佐幕派と手を組んだ」と長州ならびに尊攘派志士らは思い、薩摩と長州はこの時点で「犬猿の仲」になってしまう。無論、これには薩摩藩側の言い分もある。あまりにも過激な攘夷を唱え、京市街で尊攘派志士が「天誅《てんちゅう》」と称して公武合体派に対する暗殺・脅迫行為が繰り返されたことが原因であり、島津久光は自藩の志士さえも粛清（寺田屋事件）したとおり、過激なテロを認めていなかった。これは孝明天皇や中川宮、前関白の近衛忠熙《ただひろ》（島津家縁戚、

交渉成立後の薩摩藩から英国への賠償金支払いの様子（イラストレイテッド・ロンドン・ニュース、薩摩英国館収蔵）

篤姫を養女にし将軍家へ嫁がせた）らも急進派の横暴を快く思っていなかったためである。この後、島津久光、一橋慶喜、松平容保（会津藩主、京都守護職）、松平春嶽（福井前藩主）、山内容堂（土佐前藩主）、伊達宗城（宇和島藩主）による参預会議の成立へと続いていく。

長崎に入った五代才助のもとにも、驚くべき知らせが入った。薩英和睦成立の後、グラバーが薩摩藩御用商人・浜崎太平次から買い入れる予定の綿花を運んでいた「加徳丸」を、長州藩義勇隊員が襲い、乗組員を殺した上、積み荷も船も燃やしてしまったのである。すでに高杉晋作や桂小五郎らと親交のあった五代にしてみれば、「無益きわまりない破壊行為」であり、事態をますます悪化させるだけの事件だった。

ちなみにこの時、積み荷が綿花であったことは注目に値する。米国での南北戦争の影響で、このころ綿花の相場が急上昇していた。グラバーは薩摩藩が関西などで買い占めた綿花を上海、さらにはヨーロッパへ売りさばくことを意図していた。

やがて、五代が長崎にいることは薩摩藩も知るところとなり、藩士野村宗七（盛秀、初代埼玉県知事）やともに海軍伝習所に学んだ川村与十郎（純義）らが訪ねてきた。また、「市来四郎自叙伝」によると、五代の境遇を知った家老小松帯刀は同情し、市来に命じて金数百両を与え「上海渡航」を勧めたという。五代は一時、グラバーの邸宅にも匿われたが、一方で薩摩藩内の五代糾弾の声は厳しいものがあった。

「傾日、江戸長崎の通信に松木（弘安）、五代（才助）の二名は横浜に放たれ、五代は長崎に来り。英商ガラバなるものの住家に潜匿し居る説在り。此等の説を聞きて壮士等は素より、一般この二名の怯懦《きょうだ》なるを憤り、其の罪を匡《ただ》さんことを喋々す（話し合う）。しかし斯く憤る所以《ゆえん》は二名共に当時船奉行の職を奉じ、掌《つかさど》るところの気船掠奪せられ、しかのみならず虜となりたるは生を貪るの甚しき、臣子の分尽さざる其の罪重し。宜しく軍律に問はざるべからずと、要路に於いて責論する者寡《すくなか》らざりしとなん。就中《なかんずく》五代は気船購求（購入）の事に就て、英商ガラバ等と謀り、許多《あまた》の財を得たるの説あるが故、其の事実弾糾せずはあるべからずと」（「忠義公史料」）

　元治元年（１８６４年）六月、五代は藩に対して、赦免を求めるとともに以下のような、今後の国づくりに対する提言書を書き送った。いわゆる「五代才助上申書」と呼ばれるもので、開国による富国強兵の方法論を提示し、留学費用の捻出方法や購入する軍備や機械などについても細かく言及している。

　冒頭に以下のように前置きする。

「私事、今般重罪を犯し奉り候上に、一旦は亡命に似候所業に及び、愚存奉り申し上げ候も重々恐れ入り候へども、御国家（薩摩藩）の御為め、当時天下の事変、機応の御処置、万死を顧《かえりみ》ず、左に中上《もうしあげ》奉り候」

序論で、五代は「五州（五大陸）乱れて麻の如し。和すれば則ち盟約して貿易に通じ、和せざれば則ち兵を交えて互いにその国を襲い、奪呑す（収奪し併合する）」と世界情勢を分析し、続いて日本国内の状況を「勤王攘夷を唱え、天下に周旋、同志を集め自国の政《まつりごと》を掌握する様大言を吐き、愚民を欺迷《ぎめい》（あざむき、だまし）し、その上口演にのみ走り、浪士共増長いたし、攘夷の功業不成を知らず（攘夷は不可能）、国政を妨げ、反て内外の大乱を醸し出し、自滅を招く」と嘆き、「至愚」と批判。彼我の技術力の差と、軍事力に対する蒙昧さを気付かせてくれた薩英戦争を「天幸」とまで言う。

そして上海を実地に見分した経験や、あるいはグラバーら英国商人らから得た知識・情報をもとに、彼なりのビジョンを示し具体的な方策を描いている。大きく三段階に分ければ、第一に日本からの輸出（外貨獲得法）、次が輸入（機械や武器・艦船などの耐久財）、最後が視察団や留学生の派遣（科学技術の取得・育成方法）である。

簡単に要約すると、①日本の産物（米や茶など商品作物）を上海や香港など大陸へ貿易し利益を得ること②砂糖精製の大型機械を購入し、それによって砂糖生産・貿易を図ること③英仏など先進国への留学生の派遣（運賃や滞在経費なども詳述）④これらの利益によって軍艦購入をすること⑤新式大砲（アームストロング砲）の購入と武器開発⑥

銀銭製造（貨幣鋳造）機械の導入⑦農業耕作機器、農業用ポンプの購入⑧銃砲用の火薬製造機購入―など多岐に及んでいた。五代の上申書を読み解くと、その後の明治政府の「殖産興業」策がいかに五代の想定に入っていたかが窺い知れる。

一例であるが、上海での見聞を踏まえて欧米諸国では紅茶が高く取り引きされており、日本から輸出するべき物として有望であることなども指摘している。

薩英戦争後、久光から全幅の信頼を置かれた家老小松や側役の大久保らは、五代と松木の戦前の主張が正しかったことを理解しており、また彼ら二人が「藩にとって有用欠くべからざる人材である」と熟知していた。上申書の提出後、二人は帰藩を赦された。

ミニコラム

薩摩藩開成所（洋学校）

薩英戦争後の藩の近代化策の一環として、洋式軍制拡充の目的で元治元年（1864年）六月に創設された藩立の洋学養成機関。鹿児島城下にあった琉球館に隣接して建てられたという。現在の鹿児島市小川町、滑川市場界隈に当たる。

この学校では語学（英語）のほか、砲術、兵法などの軍事学や天文、数学などの自然科学を中心に教えていた。島津斉彬の時代に高取藩（現在の奈良県橿原市）出身の医師で蘭学者、石河確太郎（正龍、のち堺紡績所開設）を集成館事業のために招いたが、その頃から洋学校設立の構想があり、石河はこの時ようやくそれを実現、教授方となった。ちなみに石河は市来四郎とともに蒸気船製造などにも携わっていたという。

開成所というネーミングは、易経のなかの「開物成務《かいぶつせいむ》」という言葉からきており、人知を開き、仕事を成し遂げるという意味。幕府の蕃書調書（洋学校）も、薩摩藩のものより一足早く「開成所」と名前を変えた。学科は海軍砲術や操練をはじめ、陸軍砲術、洋式陸軍兵法、築城など軍事関連の科目。さらに天文、地理、数学、測量、航海、器械、造船、物理、分析、医学などの諸科学や英語を中心にした語学を学ぶことになっていた。学頭（開成所掛）は大目付町田民部（久成）が務め、教授陣には石河を筆頭に、巻退蔵（のちの前島密《ひそか》、郵便制度の父）やジョン万次郎、上野敬介（景範、のち元老院議員）ら当時一流の洋学者や英語通詞が長崎などから招かれ、教育に当たった。

五代の上申書と前後して開設されたが、石河の構想としても開成所は欧州への留学生派遣を企図しており、実際にこの洋学校の学生を中心に「薩摩藩英国留学生」が選抜されることになった。

ちなみに町田家と小松家とは近しい縁戚である。小松帯刀は町田久成より二つ年長なだけだが、帯刀の妻・近（千賀）は久成の母・国子の妹で、叔父（帯刀）と甥（久成）の関係になる。伊集院郷石谷（現在の鹿児島市石谷町）の領主、町田家は特に学問に熱心な家柄。特に久成が開成所掛を務めたこともあり、藩校でも優秀な若者が選ばれて通った開成所に、猛彦（三男か）、申四郎（四男、のち小松家養子）、清蔵（清次郎とも、五男、のち財部実行）の三人も通わせていた。

6　薩摩藩英国留学生

元治元年（1864年）夏、前年の八月十八日政変によって京を追放された尊攘派の長州が、「失地回復」を狙って京都に兵を進め、御所周辺で幕府方と衝突した。「蛤御門の変」（禁門の変、七月十九日）である。薩摩藩は再び会津と協力して幕府方につき、長州の軍勢を退けた。これによって薩摩藩は京都政局でさらに重要度を増すことになり、反対に長州は御所に弓矢・鉄砲を撃ちかけ、京の町を戦火にさらした「朝敵」の汚名を被ることになる。小松や西郷、大久保は薩摩藩内ばかりでなく、京と鹿児島を結んで広く活躍するようになり、一橋慶喜や勝海舟とも知遇を得ていく。

秋になって、小松や大久保は五代上申書の提言通り、国父・島津久光の了解のもと留学生計画に着手した。当然、藩の洋学校「開成所」の学頭・町田久成と教授方・石河確太郎にも相談があった。石河は独自に成績優秀者を選び、留学生の候補リストを作成する。

十月、赦免後も江戸にいた松木弘安のもとへ、大久保から手紙で「長崎へ向かえ」と指示があった。長崎では五代が、グラバーと堀孝之とともに「密航留学」の準備を始めていた。すでに幕府は咸臨丸の米国派遣（1860年）を行ったり、文久遣欧使節（1

８６２年）を送ったり、また五代が加わった中国視察船などもあって、幕府の許可においての海外渡航はあったが、まだ自由に国外に行くことは認められてはいなかった。

実は、薩摩藩の留学計画と前後するが、文久三年（１８６３年）春、長州藩士による渡欧留学、いわゆる「長州ファイブ」——志道《しじ》聞多《もんた》（のちの井上馨）や伊藤俊輔（のち博文）ら五人がグラバーの手引きのもと、英国に向け日本を脱出していた。これも幕府に隠れての密航であった。

だが、薩摩藩は藩をあげての大所帯の使節団である。幕府方の目を考慮し、表向き「甑島ならびに大島（奄美）への用向き」との名目で、辞令を全員偽名で（本名を隠して）出した。幕府の権威は地に落ちていたにも関わらず、用意周到といえるだろう。元治元年（１８６４年）十一月のことで、使節代表を務める新納刑部（久脩《ひさのぶ》）と学頭町田久成以下十五人の留学生が選抜され、薩摩半島西部の漁村、羽島浦（現在のいちき串木野市羽島）へと一路向かった。そこで、長崎から船でやってくる、五代らと合流する手はずになっていたからである。

以下は、薩摩藩英国使節団と留学生の一覧である。括弧内は変名、年齢は出発時。

新納刑部（石垣鋭之助）　34歳　使節全権大使・大目付

五代才助（関研蔵）　29歳　使節副使・船奉行副役
松木弘安（出水泉蔵）　33歳　使節副使・船奉行
堀壮十郎（高木政次）　21歳　通弁・長崎通詞

町田民部（上野良太郎）　28歳　学頭・開成所掛大目付
鮫島誠蔵（野田仲平）　21歳　開成所句読師《くとうし》（教諭助手）
田中静洲（朝倉省吾）　23歳　開成所句読師
吉田巳二（永井五百介《いおすけ》）　21歳　開成所句読師
中村宗見（吉野清左衛門）　24歳　医師
高見弥市（松元誠一）　31歳　開成所諸生・土佐脱藩大石団蔵
森金之丞（沢井鉄馬）　19歳　開成所諸生
市来勘十郎（松村淳蔵）　24歳　開成所諸生
東郷愛之進（岩屋虎之介）　23歳　開成所諸生
町田申四郎（塩田権之丞）　19歳　開成所諸生
町田清蔵（清水兼次郎）　15歳　開成所諸生
磯長彦輔（長沢鼎《かなえ》）　13歳　開成所諸生

村橋直衛（橋直輔）　23歳　小姓組番頭《ばんがしら》
畠山丈之助（杉浦弘藏）　23歳　当番頭
名越《なごや》平馬（三笠政之助）　21歳　当番頭

このうち五代自身と松木、堀は最初から五代の英国派遣使節の構想に入っていたのだが、上申書で五代は留学生の人数・人員構成までも言及しており、「留学生十六名、うち四名を一所持《いっしょもち》（家老になれる家柄）から選抜」「特に攘夷説を唱える藩士三名」などと記していた。藩の要路に立つような人材や強硬な攘夷急進派を欧州の地へ連れていくことによって、その科学技術の格差や軍事力の圧倒的な開きを見て実感し「百聞は一見に如かず」で、目を開かせようという考えが見える。実際の選抜にも生かされており、開成所生以外の三人、村橋・名越・畠山がこの方針に従って選ばれた。裏話として選抜されていた他の者が固辞したために、村橋と名越は留学生として選ばれたという。村橋は加治木島津家の分家の出であり、名越の父・名越左源太（時行）は奄美地誌「南島雑話」を著した島中絵図書調方（家格は寄合）だった。

畠山丈之助（義成）は、家格の高いもの（一所持）から選ばれたという。彼は一旦、この提案を断ったが、改めて国父・久光に直々説得され、参加を決心したのだった。のち畠山は英米留学を終えて帰国後、明治政府に出仕し、東京開成学校（東京大学の前身）の初代校長となり近代的な大学教育の礎を築いた。

開成所教授・石河確太郎の留学生推薦書には、筆頭に高見弥市が挙げられていた。前述したように他藩出身の学生であった彼が、優秀さで一番に列挙されたことは石河が純粋に人物と能力で選んでいたことの証左でもあろう。さらに石河は町田三兄弟（民部は別格）のうち町田猛彦をリストの上位に選んでいたのだが、上記のように実際の派遣された中には猛彦の名前がない。実は当初の留学生は十六人で、羽島まで猛彦も同行していたことが知られている。ところが、残念ながら猛彦はこの漁村で船待ちしていた間に病になって渡航を諦めざるをえなくなったのであった。薩摩藩遣欧使節が使節四人、留学生十五人と、五代の提案より一人減っているのはこういった事情である。

薩摩藩英国派遣使節と留学生らが、グラバー商会の船で出発した串木野・羽島。現在は記念碑と留学生記念館などが建つ

グラバーの手配したオースタライエン号（Australian）が薩摩半島北西部の羽島に到着したのは、三月二十一日だった。グラバー商会からガイド兼世話役としてライル・ホームが乗船してきた。その一足先に、藩船で長崎から五代らは到着。一行の旅費や滞在費、英国での学費などで、五代は約七万ポンドを計上していたが、莫大な額であり藩からすぐに準備できたわけではない。五代はグラバーに借金を申し込み、小松から払い込むよう手形決済方式を了諾させたという。

一方、羽島の網元、川口成右衛門と藤崎龍助の家に分宿して、町田兄弟や森ら学生は英語の勉強をしながら、およそ二カ月も船を待ち続けていたのである。

留学生は出発に際し、和歌を詠んだり、漢詩の句を記したりしている。

「かかる世にかかる旅路の幾度か　あらんも国の為とこそ知れ」

これは畠山の歌で「こういった時代にこんな旅が何度もあるはずはない、それも国のためである」といった決意が表れている。また森金之丞（有礼）は「宇宙周遊一笑中」と残した。すなわち宇宙とは世界の意味で、世界を一笑いのうちに周遊してこよう、という意気をみせている。十九歳の青年、森の大いなる志を感じさせる言葉だ。

翌二十二日（4月17日）、ついに五代らの薩摩藩遣英使節・留学生の一行を乗せた船が、一路香港へ向けて出帆した。東シナ海では海が荒れ、船に慣れぬ薩摩藩士たちは船酔いに苦しんだ（「松村淳蔵洋行日記」「畠山義成洋行日記」）。刀は没収、髷も切らねばならぬことになった市来勘十郎（松村淳蔵）はその際、次のように詠んでいる。

「国の為尽くすとおもへいかばかり（身を）やつしてもいとはざりけり」

西洋風の姿に身をやつしても「国のため」と思えば厭うものでない、という心中を込めている。武士の魂、刀や髷を落とすことがこれほどの決意を要する時代であった。明治維新後、薩摩藩留学生の一員であった森有礼がいち早く「廃刀令」を新政府に提言するが、この経験と無関係ではないのではないか。

三月二十六日（4月21日）、最初の寄港地・香港に到着する。五代と松木を除いた一行全員が港の光景、とりわけ香港の夜景に目を奪われた。海岸から山の上まで、道路にそって明るいガス灯がともっていた。その美しい光景を町田久成は「あたかも蛍火の如し」と記している。

行燈の火やせいぜい松明、灯篭の明かりしか知らぬ侍たちにとって、こうこうと見渡す限りの街中を照らしているヴィクトリア街の夜景は、「カルチャーギャップ」を与えるに十分であった。一行は、ホームがそれぞれに洋服を調達し上陸。公園や造船所の見学もしている。また、港に英国艦隊の旗艦ユーリアラス号を認め、五代は薩英戦争の際の苦難を思い出してもいた。

　香港からはインド洋へ向けては、船会社P&O（ペニンシュラ&オリエンタル・スティーム・ナビゲーションCo）の定期客船に乗り換えて、四月五日（4月29日）出航した。ちなみに二日後の七日、日本では元号が「元治」から「慶応」へと改まった。船はその後、シンガポール、ペナン（マレーシア、マレー半島西岸）、ゴール（スリランカ）、ボンベイ（インド）、アデン（イエメン、アラビア半島南西岸）を経て、スエズに着いた。スエズ到着は慶応元年五月十五日（1864年6月8日）である。定期船の寄港地は当然のことながら英国の植民地であり、インド航路の重要港であった。五代らはガス灯ばかりでなく、当時最先端の電信をはじめ多様な分野の産業技術力（インフラ整備）に驚かされた。

　海外渡航が初めてではなかった五代だが、失敗談もある。晩年に回顧談を残した町田清蔵（のち財部実行）によると、五代は一等船室の客となったが、自分の部屋に備え付けの洗面室に入って、その豪華さに驚いた。汗をかいていたので、真っ白な陶器に水が入っていたから、その水で顔を洗ったという。すると、ホームが驚いて「それは用を足す便器だ」と教えた。五代といえども、以前は小さな商船や蒸気船の類にしか乗船機会はなく、部屋に陶製便器が備え付けられているとは想像だにしなかったということだろう。町田清蔵や長沢鼎ら少年たちは、五代のこの失敗を「弥次喜多道中」になぞらえ、「薩摩喜多八」と囃《はや》して笑ったと振り返っている（「財部実行回顧談」）。五代の怒るに怒れぬ顔が目に浮かぶようだ。

一行は、このほかにもさまざまなカルチャーショックや笑い話を経験しながら、旅を続けている。アイスクリームを食べ、どうして炎暑の地で氷菓子を作ることができるのか、と驚いたり、パイナップルを食べて「松笠《まつかさ》果物」と訳したり、欧米人の家族が人前もはばからずキスするのに関心を寄せてもいる。

スエズ運河が工事中であったので、スエズ―アレキサンドリア間は、蒸気機関車に初めて乗った。砂漠を行く列車の速さにも大きな衝撃を受けたが、そこに稀有壮大な運河を掘る計画（スエズ運河完成は５年後の１８６９年）を進めていると聞いて、改めて科学技術の進歩の差を思い知らされた。アレキサンドリアから地中海は再び海路で、マルタ島を経由、英国サウサンプトンに上陸したのは五月二十八日（６月21日）である。薩摩の羽島を発っておよそ二カ月の旅だった。

マルタ島で五代は藩庁にあて手紙を記している。「遠行人数の内にも（中略）地中海マルタ島港に着き、初めて欧羅巴《ヨーロッパ》の開成張大なるを実見して忽《たちま》ち蒙昧《もうまい》を照し、これまで主張せし愚論（攘夷のこと）を恥ぢ慨嘆して止まず」

根強い攘夷論者たちも、マルタの城塞の規模や、科学技術だけでない壮麗な寺院や美しい街並みなど、本当の西洋文明にふれて「井の中の蛙」であったことを悟って考えを改めたというのである。五代が上申書に記した「将来指導者になるような人物や攘夷守旧派を連れていき、意識変革を促す」という意図は英国に到着する前に見事に果たされたわけである。

ロンドン大学（UCL）構内に建てられた日本人留学生、薩摩スチューデントと長州ファイブの名前の彫られた碑

　ロンドンに着いた薩摩藩士十九人は、ライル・ホームとグラバーの兄、ジェームズ・グラバーの世話でホテルと下宿に分かれて異国生活をスタートさせる。留学生の受け入れのため、ロンドン大学（UCL）の化学の権威、アレキサンダー・ウィリアム・ウィリアムソン教授を紹介された。町田以下の十三人はウィリアムソン教授の尽力によってロンドン大学の聴講生となった。今も同大学に、その学籍簿が

残っている。

ただ一人、学生のうち最年少の磯長彦輔だけは、十三歳ということで、スコットランドのアバディーンにあるグラバーの生家に引き取られ、同地のジムナジウム（中学校）に入学した。ちなみに磯長は、その後米国へ留学し、維新後もずっと変名の「長沢鼎」を使い続け、米カリフォルニア州に永住しワイン製造で成功。「ブドウ王」と呼ばれ、日系移住者の先駆けとなったのは広く知られた話であろう。長沢の物語を書けば、紙幅が尽きてしまうので、これくらいの紹介にとどめておきたい。

7月末から8月にかけて、五代らは留学生とともに各地の工場や農場などの産業視察にも出掛けている。ウィリアムソン教授を伴って訪れた、ベッドフォードのブリタニア鉄工所の見学は現地の新聞でも報じられたほどで、特筆すべきは市長らが歓迎したという。鉄工所の機械ばかりでなく、近くのクラパムという地の農園にも足を延ばし、蒸気で動く耕運機（トラクター）を見て、実際に試運転までしている。新聞には「日本人たちは機械の構造を理解し、器用に操った」と驚きをもって報じられた。

新納をはじめとする使節は短期間で帰国の予定だったので、精力的に各地を巡り、政府要人にも会い、また機械や武器の購入など忙しい日々を送った。マンチェスターやバーミンガムなど英国の工業地帯を訪問、紡績機械（のち鹿児島・磯紡績所に設置）も購入した。五代は後に「大阪を日本のマンチェスターに」と唱えるが、この見分が影響していよう。銃砲は小銃二千挺余り、大砲二百挺というから、かなりの商談であった。

また、ロンドンでは銀行や保険といった制度も学ぶ、一方で、武州熊谷の出の若者、白川健次郎（斎藤健次郎）とフランス人の東洋学者レオン・ロニー、さらにはベルギー貴族で仏国籍も持つモンブラン伯爵の訪問を相次いで受けた。これが契機になって、五代と新納、堀の三人は大陸に渡って、ベルギーを訪問することとなる。

一方、外交交渉を任された松木は、英国政府や議員らと折衝。特に下院議員のローレンス・オリファントと信頼関係を築く。オリファントは以前に日本へ派遣され、英国公使のオールコックが水戸脱藩の攘夷派浪士に襲われた東禅寺事件（第一次、文久元年＝1861年）に遭遇した経緯も持つ人物で、外交官から転身し議員となっていた。彼はそういった攘夷事件に遭遇していたにも関わらず、親日家でその経歴から英国外務省にも影響力があった。松木はオリファントの人脈から外相のラッセル卿（のち首相）に接触し、次いで外相となったクラレンドンとの会談に成功する。これは後の明治維新の背後に、英国公使パークスへ「王政復古に協力」し「日本の内政に干渉しない」旨の指示が出る、薩英の信頼関係を醸成した。

一方、後に留学生らが米国に渡るきっかけを作るのも、このオリファントであった。五代と新納、堀が大陸へと旅立ち、さらに一年後、外交交渉を終えて松木が帰国する（病だった村橋久成を伴う）。神秘主義に影響を受けたオリファントが米国の宗教家トマス・レイク・ハリスを留学生らに紹介する。１８６７年のパリ万博もあって、留学生らは各国の情勢を理解した時期、日本国内ではいよいよ討幕の動乱も迫って藩からの送金が途絶えてしまう。苦境にたった留学生たちは、帰国か、渡米かで二者択一を迫られることになった。森有礼と畠山義成、鮫島尚信、吉田清成、松村淳蔵、長沢鼎の六人がオリファントの勧める通り、ハリスの教団「新生兄弟社」（宗教的コロニーあるいはコミューン、キリスト教を母体にしているが、共産共生の理想を掲げた）を頼ることになった。無論、これは五代の予想もしていないかった薩摩藩留学生の結末である。

ミニコラム　**長州ファイブと薩摩スチューデント**

薩摩藩英国留学生（薩摩スチューデント）の英国到着後、間もなくホームが長州藩士三人のことを告げる。密航留学を先に果たした長州ファイブ（五傑）のうち、山尾庸三（のち工部卿）、遠藤謹助（のち造幣局長）、野村弥吉（のち井上勝、日本の鉄道の父）であった。

この時点で、リーダーの志道聞多（井上馨）と伊藤俊輔（博文）は一足先に帰国していた。

長州藩の馬関封鎖に対して、四カ国連合が報復攻撃しようとしていたため、留学途中で切り上げたためである。山尾ら三人が、薩摩藩留学生が住むベースウォーターの下宿を訪ねてきたのは、7月2日（閏五月十日と畠山は記す）。折しも日本では英国公使パークスと先に帰った志道・伊藤が連合国の砲台非武装解除について交渉していた、その同じ日であった。

山尾らが名刺代わりに渡した「長州ファイブ」五人一緒に写った写真が、森有礼の「旧蔵アルバム」には残されている。裏には「Mr. Sawai Kun」と、森の変名「沢井」の名が書かれていた。森はこの時来訪した三人のうち、山尾の人物にひかれ、国許の兄への手紙（横山安武宛書簡）に「山尾と申す人は誠に誠実の人にて宜敷き人に御座候」と書いている。長州の三人は「藩からの送金がなく、学費に困っている」という打ち明け話をしたという。

町田清蔵の回顧談によれば、山尾はスコットランドのグラスゴーへ、造船業を学びに行きたい旨を、薩摩藩士たちに相談したという。

「拙者（山尾のこと）もスコットランド『ガラスゴ』造船に行き、職工旁々《かたがた》苦学の考なるも、旅費に困入る次第なれば、何卒拝借は叶いますまいかとの事に、上野（町田久成のこと）も藩金を貸す訳に参りませんから、各学生に相談しまして、学生より一ポンドづつを醵出《きょしゅつ》しました処が、十六人にて英金貨十六ポンド。（中略）山尾君に贈呈しました。（山尾は）大喜びにてスコットランドに行かれましたが、井上（野村弥吉）さんはお気の毒には『ウイリヤムソン』の学僕に住み込まれました」

この後、山尾はグラスゴーへ赴き、ネイピアー造船所で働きながら、アンダーソンズ・カレッジに通って造船について学んだのである。山尾はこの時の恩義を忘れず、グラスゴーから薩摩藩留学生たちに便りをし、またアバディーンに行った最年少の磯長彦輔（長沢鼎）についても気にかけている。

五代は自ら企図した留学生ミッションと同じような渡欧留学を、長州のわずか五人の若者が試みていたことに驚いた。長州ファイブの留学計画が元来、高杉晋作の発案（当初、高杉は伊藤俊輔を誘い密航留学するつもりでグラバーに相談した）によるものであることを山尾や遠藤に聞かされ、留学生同士のロンドンでの邂逅に「高杉が来てくれていれば」と思ったことだろう。およそ半年後の1866年3月7日（慶応二年一月二十一日）、薩長盟約が京で桂と西郷・小松の間で結ばれるが、ロンドンではすでに藩を超えた「日本人としての絆」のもとに、留学生の友情が芽生えていたのである。

当時、化学の権威だったアレクサンダー・ウィリアム・ウィリアムソン教授。日本からの留学生たちの面倒を親身になってみた

7 「廻国日記」、帰国

1865年9月13日、五代らはベルギーへ向け、ドーバー海峡を渡った。先述した通り、五代はこの渡欧の期間、「廻国《かいこく》日記」に残しているが、この日記には日付の記載がなく、曜日しか書いていない。この当時、日本の和暦には「曜日」の概念はなかったから、珍しくて使ってみたかったのかもしれないが、研究家の間でも日にちに解釈が分かれる結果を生んでいる（「五代友厚秘史」）。

コント・シャルル・フェルディナン・カミーユ・ヒスラン・デカントン・ド・モンブラン、という長ったらしい名前を持つモンブラン伯爵はフランス貴族であり、またベルギーに領地とインゲルムンシュテル城という居城を持っていた（ベルギー男爵位も）。欧州視察の手始めに、五代才助と新納刑部（久脩）、堀壮十郎の三人は招きに応じてインゲルムンシュテル城を訪れた。

日本名では「白山伯」とも名乗ったモンブラン伯は、日本通の人物で1858年から四年間長崎に滞在して仏政府のために政情や地誌的・経済的な調査をしたという。その際、白川健次郎（斎藤健次郎）を伴って戻り、彼を秘書（書生）にしていた。山師という評判があったモンブランは、最初のうち幕府使節（横浜鎖港問題でフランスに派遣された池田長発《ながのぶ》）に接近したが拒絶されたため、次に反幕勢力との提携を模索するようになった。

五代は連日のようにモンブランと会食し、各地を視察している。例えばナポレオンが敗北したことで有名なワーテルロー（ベルギー中部）を訪ね、ちょうど五十年前の激戦をしのんだ。おそらく日本の武士で、ワーテルローを訪問したのは五代と新納が最初と思われる。また、モンブランの領地で狩りを楽しみ、雉をしとめた五代は「欧羅巴行以来、初めて快愉に思ふ」と記している。

モンブランはベルギー政府の外務次官らを五代や新納に引き合わせ、すっかり信用を勝ち得たという。薩摩藩とベルギーとの提携による商社設立を話し合い、ついに慶応元年八月二十五日（1865年10月15日）、「薩摩白耳義《ベルギー》商社」の仮契約を結んだ。鹿児島の鉱山開発や生糸・砂糖などの特産物の独占的な輸出販売、さらに重機械の輸入・製造をする合弁商社計画であった。首都ブリュッセルにおいて同国政府の証人立会いのもと、十二カ条にわたる貿易商社の契約書を交わしたのである。薩摩藩とモンブランの共同出資で、損益ともに出資金に応じて配分することなども明記してあった。

契約には薩摩が軍艦、大砲など購入する際はモンブランに委託するといった条件もつけられた。五代はさらに事業の具体化を図って、洋式機械類の輸入と薩摩の資源開発について契約書を結んでいる。砂糖製法や製糸・紡績、修船施設（ドック整備）、川掘蒸気機関（浚渫《しゅんせつ》船）、飛脚船（快速郵便船）、テレグラフ（電信）などがその中に含まれていた。ユニークところでは動物園開設もあげられている。

モンブラン伯の居城だったインゲルムンシュテル城。五代才助、新納刑部、堀孝之らが宿泊した当時のままに残る

仮契約には新納も署名しており、帰国後、五代は本腰を入れて計画を進めようと考えていたようだが、薩摩藩当局から賛同が得られず、また直後に維新激動の渦に巻き込まれてしまったため頓挫する。結果的に本邦初の「国際合弁」企業は幻となってしまう。しかし、これは日本人が初めて設立しようとした海外総合商社であり、坂本龍馬の亀山社中がようやく産声をあげた、そのほぼ同時期であることを考えれば、五代の発想力と行動力に驚くほかはない。この時の経験は、のちのち商社経営や鉱山経営にも生かされた。

また、二年後の1867年（慶応三年）に開催される予定だったパリ万国博覧会の情報を得た五代は、薩摩藩独自に出展する計画をたて、モンブランに全面的に託す。「薩摩・琉球国」出展の総代理人とする契約を結び、彼は以来、薩摩側の欧州政治の「黒幕」的な存在となった。

ベルギーからオランダ、フランスへと五代らは欧州視察を続けた。フランスの首都パリはちょうどナポレオン三世の治世下、「パリ大改造」の最中であり、オスマン（セーヌ県知事）の都市計画に沿って古い町並みが取り壊され、石畳で美しい今に見るパリ市街の基礎が造られつつあった。五代が泊まった「グランドテル・ド・パリ」一帯にはオペラ座などの華麗な建物が建設中で目を奪われたという。五代が滞在した、この豪華ホテルには折も折、幕府使節・柴田剛中《たけなか》（製鉄所建設及び軍制調査の正使）一行も宿をとり、彼等はニアミスも起こしている。五代らは幕府に隠れての「密航」であったのだから、幕府側の驚きようは一様ではなかった。モンブラン伯の秘書・白川健次郎が間を持って相互に情報を流したようである。ちなみに柴田はフランスとの協議は成功するも、イギリス政府とは協定締結できずに帰国した。これは薩摩との関係緊密化が英国側で進んでいたためである。

11月、松木弘安（仮名・出水泉蔵）がパリの五代、新納に会いにやってきた。「龍道府《ロンドン》の出水泉蔵談判ありて来《きた》る」（「廻国日記」）

英国との外交交渉の結果を報告するためであった。英国議員オリファントのおかげで、英政府の交渉はおおむね良好に進み、英国の薩摩藩支持や「日本内政への不干渉」の確約などの報告があり、さらには欧州列強の政治姿勢についてさまざま議論があったと推論される。五代はモンブラン、ベルギー接近路線に活路を見出そうとしていた。松木は五日ほどでロンドンに戻ったが、五代らのパリ滞在はおよそ一カ月にも及び、その間にベルサイユ宮殿や整地の始まった万博会場、練兵場（シャン・ド・マルス）など見て回った。

新納が体調を崩したりもして、一旦はロンドンに戻り、帰国が迫ると五代はロンドン～パリ間を幾度も往復するなど活動は慌ただしくなった。滞欧中に五代は薩摩藩庁に向けて、ベルギー商社設立やベルギーとの和親条約締結を踏まえた上で、十八カ条の提言を一巻にまとめて送っている。商社合力（総合商社設立）であったり、貿易と産業の振興であったり、紡績工場設置や蚕卵の輸出（当時、フランスでは蚕の疫病が流行り、養蚕業が大打撃を被っていた）だったり、日本での鉱山開発・精錬技術近代化などが盛り込まれていた。

そして、1866年2月21日（慶応元年十二月二十六日）、五代と新納、堀の三人はライル・ホームとともにマルセイユから日本へと、帰途についた。仕事を終えた充実感からか、懐かしさがこみあげたからなのか、マルタ島で五代は歌を詠んだ。

「あらき瀬にながれかれにし朽木にも　時こそ来ぬれ花咲きにけり」

波荒い瀬に流れてきた朽木にも、今時がきて花が咲く。あまたの困難を乗り越えて、朽木になりそうなわが国に、いま開化・開国の機運を盛り上げ、必ずや花を咲かせてみせる、そういう五代の確信を感じさせる。

上海で思わぬ足止めをくい、そこでロンドンの町田あてに手紙を出している。留学生たちの健康を心配し、同時にますますの勉強を勧める内容で、「磯の御茶屋（島津家別邸のこと）にて、グラバーが太守公（茂久）と対面し、通訳なしで話した」といったことにも触れている。

ようやく1866年3月21日（慶応二年二月九日）、一行は鹿児島の山川に到着した。五代と面会した藩主・茂久は、欧州巡回の労をねぎらい、モンブランとの商社契約の「好意斡旋を多とする」言葉を掛けた。

ミニコラム

パリ万博と薩摩勲章

訪仏していた幕府使節・柴田剛中はパリ万博参加について最初、即答しなかったという。ところが、モンブラン周辺から薩摩の出展計画を聞き、あわてて幕府は参加することにしたという。幕府は国内で各藩に出展希望を照会、佐賀藩がこれに応じた。

薩摩藩は「薩摩琉球国太守政府」として独自の展示を企画、薩摩焼や漆器、竹製の工芸品のほか、焼酎や泡盛、砂糖、鉱石や植物など多彩な品目を持ち込んだ。1866年暮れに二回に分け、約四百箱の荷物をグラバー商会に依頼して発送したという。岩下方平（薩英戦争の事後交渉役を務めた）を使節団長とし、総勢十二人がパリへ派遣された。中には堀壮十郎のほか、モンブランの秘書白川健次郎もその名が見える。

一方、幕府は徳川民部公子（昭武、慶喜の弟）を将軍名代として派遣。幕臣で構成された使節団の中には、会計係として渋沢栄一、随行医として高松凌雲、通訳に山内堤雲らがいた。また、五代を匿った清水卯三郎が民間商人として唯一参加し、幕府展示の中に檜造りの茶店を造り、芸者三人に給仕や芸をさせ、パリっ子たちの人気を集めたという。幕府側は薩摩の独自展示に難色を示し、撤去を要求したが、博覧会総裁レセップス（ナポレオン三世のいとこ）は双方代表を呼び調停。幕府使節がパリ到着が遅く、会期は始まっており、薩摩の展示はそのままに（丸に十の字の島津家家紋でなく、日章旗を掲げ）「日本国薩摩太守政府」として実施された。

モンブランは一計を案じ、レジオン・ド・ヌール勲章を模した独自の「薩摩琉球国勲章」を製作、フランス高官らに贈呈した。これが功を奏し、仏国大手新聞は薩摩びいきの論調で「日本は幕府が統治する国ではなく、薩摩のような諸侯が集まった連邦国家なのだ」「薩摩藩のような外国と親交を結ぼうとする諸侯もある」といった内容も載ることになった。ちなみに現在、日本国内にある薩摩勲章は、尚古集成館（鹿児島市）と薩摩伝承館（指宿市）所蔵のものなど数点が知られている。

幕府側は対抗して勲章を製作しようとしたが間に合わず、パリを舞台にした薩摩・モンブランの外交ＰＲ戦に敗れる結果となってしまう。しかし、モンブランのこういった策略は薩摩藩の内部からも警戒心を呼んだようである。パリ万博には、ロンドンの留学生、森や畠山、松村らが見学に訪れ、先に留学先をフランスに変えていた中村博愛、田中静洲とも合流し意見交換している。薩摩藩に友好的な英国人たちが「モンブランに対して警戒心を抱いている」ことを知って、学生たちは連名で藩庁へ建言書を送った。彼らはフランスの軍事干渉の可能性を指摘し、過度に信用する危険性を書き送っている。

現在の視点で考えると、坂本龍馬もモンブランも山師的な要素が多分にあると思えるのだが、いかがだろう。策士の一面というか、イチかバチかの賭け、そういった点がドラマチックな要素であり、五代にも同じ臭いがする。互いに似た者同士、ウマがあったのかもしれない。ただ、モンブランは変わり身の早さから「策士、策に溺れる」の感も引き起こしたのかもしれない。

8　薩長同盟から「いろは丸」事件

五代が帰国したこの年（慶応二年＝１８６６年）正月に、京都の小松帯刀の屋敷で「薩長盟約」が結ばれていた。

討幕のための薩長同盟、というように理解されることも多いが、この盟約が結ばれた背景には「長州征伐」のことを理解していただかねばならない。「征長」とも呼ばれるが、長州征伐は第一次（１８６４年）と第二次（１８６６年、四境戦争）の二回に及ぶ、幕府軍と長州との交戦である。第一次では薩摩藩は幕府方に立っており、長州は窮地に陥った。長州藩内部で徹底的に幕府と戦うべきとする正義派と和議を結んで恭順すべきという俗論派に分裂し、相争う事態にもなった。結局、幕府と和議を結び、征討の原因となった「禁門の変」（蛤御門の変）の首謀者として三家老が切腹、四参謀が斬首となって、一旦は落ち着いた。

薩摩藩の軍賦役（軍司令官）西郷吉之助（隆盛）は、この征討の最中（元治元年九月）、幕府の神戸海軍操練所を開設し、海軍奉行を務めていた勝海舟に初めて会い、「長州を滅ぼさぬように」と言われて驚いた。幕府が起こした征討軍であるのに、日本の将来のために寛大な処置をとるべきだという勝の議論に、西郷は「どれだけ知恵があるのか。実に驚き入り候」と納得。勝の説く、外圧による雄藩連合への移行（共和政治論）に「斉彬公の教え」の一端を見出し、大久保への手紙に「（勝に）ひどく惚れ申し候」とまで書いたことは有名だ。西郷と、征討総督の徳川慶勝（尾張藩前々藩主）は、長州に対して寛典論（緩やかな処置）を進め、幕閣の思惑から見れば「手ぬるい」処分で事態収拾を図った。

第一次長州征伐直後、勝の神戸海軍伝習所が閉鎖され、行き場を失った坂本龍馬ら浪士の受け入れを、勝は西郷隆盛に依頼する。これが薩長盟約の伏線となるのである。西郷は、筆頭家老になり京都政局でも影響力を見せつつあった小松帯刀と相談。龍馬らを一旦大阪の藩邸に引き取り、薩摩藩の船舶員・海軍（士官・水夫）として受け入れることにした。これがのちに長崎で坂本龍馬を中心に結成される「亀山社中」の起こりである。

慶応元年（1865年）閏五月、鹿児島から長崎に入った坂本龍馬らは、長崎商人小曾根《こそね》家の離れ（亀山焼窯跡）に居を構えた。薩摩藩がグラバー商会などと取引し、武器や軍艦などの兵器を購入、亀山社中を経由して長州へ引き渡す斡旋（馬関戦争の結果、外国から武器を購入できなかった）を行った。ちなみにこの小曾根家はこの後、龍馬と亀山社中、そして海援隊の支援に深く関わることで知られるが、もともと薩摩藩の長崎屋敷に出入りしていたもので、五代とも深い関係があった。

薩摩藩内でも小松らは、険悪であった長州との関係修復を意図しており、龍馬はその仲介役として抜擢されたのである。長州側の史料（長府藩士・三吉慎蔵に送った藩主・毛利敬親の褒状）には「薩藩坂本龍馬」と書かれており、これ以外の史料でも長州側は龍馬を第三者の仲介役ではなく、薩摩の窓口と認識していたことが分かる。また、この際、坂本龍馬が長州入りするのに、木戸とつながりを作ったのは長州藩士・小田村伊之助（のち楫取素彦《かとりもとひこ》、吉田松陰の妹・寿、文の夫、群馬県令）であったという。

五代才助がちょうどベルギーやパリ、ロンドンを巡り、洋式機械や武器購入、さらにパリ万博の下準備に追われていた頃、慶応二年一月二十一日（1866年3月7日）、京の小松帯刀の屋敷（近衛家別邸の一画にあった）で木戸孝允（当時は貫治）と小松、西郷らの間で薩長盟約（薩長同盟）が結ばれた。仲介役の坂本龍馬も、もちろんその場におり、盟約の裏書（当日は口頭での約束であり、明文化されたのは後日、長州側から要望）を事後に朱筆でしている。密約の証人となったのである。盟約の趣旨は六カ条で、概ね長州が幕府軍に攻められた際に、薩摩がこれを軍事的に経済的に助けるという旨の約束である。戦争の帰趨《きすう》に関わらず、薩摩が長州の政治的復権のために朝廷工作を行うことなども盛り込んであり、さらには橋会桑（一橋・会津・桑名の政権）が朝廷を取り込んだ上で薩摩の要求を拒むようならば「終に決戦に及び候外これ無きこと」と軍事的対決への決意も書かれてある。

さて、坂本龍馬はこの盟約がなった直後、伏見寺田屋にいるところで幕吏に追われ、負傷する（第二次寺田屋事件）。その結果、妻お龍とともに薩摩藩に匿われ、西郷の勧めで海路、薩摩へと向かった。五代が帰国した三月のことである。

入れ替わるように、五代は再び長崎に派遣された。五代は御小納戸奉行格、勝手方御用人席外国掛《がかり》に任じられ、堀孝之（壮十郎）は御船奉行見習いの役職についた。五代が英国で買い付けた紡績機械は、集成館事業の中心となった城下の海岸部・磯地区に据え付けられ、そこに日本初の洋式紡績工場「鹿児島紡績所」が建設されることになった。英国から技師らも招き、彼らが暮らす洋館も建てられることになった（現在の異人館、「明治日本の産業革命遺産」として世界遺産登録された）。長崎では、薩摩藩の汽船を使い、鹿児島と長崎、下関、大阪を結ぶ航路運航の計画があり、小松の指示で五代は亀山社中と連携することになった。

薩長盟約が結ばれた直後の二月、いよいよ幕府は第二次長州征伐へと動き、薩摩藩にも兵力動員の要請があったが、盟約通り薩摩はこれを拒絶。大久保利通は幕閣に対し、すでに謝罪している長州への再征は「大義がない」と強く非難する。

要請に応えて亀山社中はゲベール銃・ミニエー銃を「ユニオン号」（薩摩藩での名は「桜島丸」）で購入して運び、長州からは兵糧五百俵を積み鹿児島に入港したが、この航海で薩摩藩から供与された帆船「ワイル・ウエフ号」が遭難沈没、土佐脱藩の池内蔵太《いけくらた》らが犠牲になってしまった。西郷は「国難にある長州から兵糧は受け取れない」と固辞し、ユニオン号は長州へ引き返した。六月、この「ユニオン号」に乗船して下関へ向かった龍馬は、長州側の求めに応じて参戦することになり、高杉晋作の指揮した小倉への渡海作戦（六月十七日）に加わり、幕府側と戦火を交えた。坂本龍馬にとっては最初で最後となった実戦体験であった。

一方、ロンドンから松木弘安（寺島宗則）が村橋久成を伴って帰国する。慶応二年（1866年）五月下旬、たまたま上海から長崎に向けて乗り合わせた英国帆船には、亀山社中の陸奥陽之助（のちの宗光、外務大臣）と林多助（薩摩藩士）が乗っていたのである。陸奥と林は神戸海軍伝習所で操船技術を学んでいたが、閉鎖された後、長崎にてグラバーの仲介を受け、帆船汽船の運用・操船を学ぶため船に乗り組んでいたのだった。

同船は薩摩半島北西部・阿久根の港に入り、そこで陸奥と別れた松木らは、林とともに三人で鹿児島城下に入った。

松木は改めて藩に帰国を報告、その後、御船奉行兼開成所教授に任じられている（町田久成あて手紙、慶応二年七月十七日付）。

この年六月十六日、駐日英国公使ハリー・パークスが英艦「プリンセス・ロイヤル」で鹿児島を初訪問した。すでにパークスには英外相クラレンドンからの訓令が届いており、寺島の英国外交の成果であった。英艦隊はキング提督に率いられた三隻で、仲介役となったグラバーや通訳にアレキサンダー・シーボルトも加わっていた。家老となった新納久脩と、堀孝之が案内役として取り仕切った。藩主茂久以下、小松帯刀ら藩士一同で英国公使一行を歓待した。帰国したばかりの松木も接待役・通訳にあたった。

パークスは艦上で行われた小松、西郷との会談で、条約勅許や兵庫開港問題を議題とした。英国側は「外国勢力による（日本の）内政不干渉」「日本人による一つの政府（王政復古の必要性）」などを指摘、薩摩側と意見の一致を見た。この過程で、松木の通訳と交渉能力が双方から高く評価され、パークスから「江戸に薩摩の（松木のような）駐在員を置くこと」が提案された。パークスが「薩摩と英国の対等な信頼構築」を言ったのは、彼が英国で一から取り組んだ外交交渉の賜物であった。松木は再び江戸に赴くにあたって、幕府・蕃書図書時代からの「松木」を改め、寺島陶蔵と名乗りを変えた（「自叙」）。

ちなみにパークス公使鹿児島訪問の際、キング提督と小松、島津珍彦《うずひこ》（藩主茂久の三弟）が一緒に撮影した写真が残っている。小松帯刀の写真としては、月代《さかやき》をそった二十代前半の「若々しい青年期」の写真（尚古集成館所蔵）がよく知られているが、この慶応二年時点の小松は総髪（頭頂部をそらない髷姿）で、数え三十一歳、藩の実力者として「働き盛りの姿」が写されている。後に関西で小松は、アーネスト・サトウと会談するが、サトウは彼のことを「私の知っている日本人の中で最も魅力的な人物」と高く評価し、手記に残したほどだ。


幕府は各藩に出兵要請を断られ、七月になっても兵力差（数の上では幕軍十に対し長州軍一）のある長州藩を攻めあぐね、劣勢状態が続いた。折悪しく七月二十日、大阪城で将軍徳川家茂が客死（享年二十一歳）し、幕府方は戦意も喪失。「空中分解」状態となって、徳川宗家の相続だけを了承した（将軍宣下は十二月までしなかった）慶喜は、止戦の勅命を発してもらう。慶喜の意を受けた勝海舟と長州側の広沢兵助（真臣《さねおみ》）、井上聞太（馨）が九月二日、宮島で停戦合意を成立させた。

ちょうどこの時期、五代は驚くべき計画を練っていた。八月、五代の使者として薩摩藩御用達の商人二人が馬関（下関）の廻船問屋・白石正一郎を訪れた。この白石は以前、薩摩藩の御用商人を務め、西郷が下関を訪れた際には宿泊するというような人物であった。五代は彼を通じて「薩長国産貿易商社」設立を持ち掛けたのである（「白石正一郎日記」）。

提案は下関で北国廻り（日本海）や九州からの船を留め、薩摩と長州でその荷を関西へ送る運送事業を行おうというものだった。幕府の経済封鎖により苦境にある長州藩の財政を援助しながら、薩摩藩の交易圏拡大を図るという一石二鳥の策を考えた。五代の頭には、琉球と長崎、下関と大阪を結ぶ西日本交易ルートの独占的な運営があったのかもしれない。さらには対中国、あるいはもっと先の欧米世界への貿易も、五代は見据えていた可能性がある。

この交渉に五代は、上海渡航以来の知己である高杉晋作と話し合うべく、下関への来訪を求めた。十月十五日、五代は下関へ入ったが、病に倒れた高杉は代理を立てた。下関の料亭で長州側の木戸孝允、広沢真臣と会見。商社の金銭出納をお互いに公明に行い、損益は折半することなど六カ条の「商社示談箇条書」の案を示した。

当初、長州側も設立を前向きに議論し、五代も好感触を得ていたが、長州藩上層部に報告後、木戸が特使として鹿児島を訪問し、話し合いをもったところ計画自体に難色を示した。下関は支藩の長府藩の支配下であり、本藩の藩主・毛利敬親が「船舶差し止め」を拒絶する意向を示したという説がある。いずれにせよ、五代の薩長商社計画は残念ながら実現しなかった。

また、前後して下関で高杉晋作が肺結核でこの世を去った（慶応三年四月のこと）。享年二十八歳であった。

暦を少しだけ前に戻したい。慶応二年十二月二十五日（1867年1月30日）、孝明天皇が崩御された。三十六歳という若さで、死因は天然痘という説が一般に言われるが、その死には不審な点もあり毒殺説も根強い。いずれにせよ、翌慶応三年一月九日（1867年2月13日）、明治天皇がわずか十四歳ながら皇位につかれることになった（ただし、即位の礼は慶応四年まで行われなかった。慶応四年は九月に改元されて明治元年）。

一方、坂本龍馬と亀山社中に転機が訪れたのは同年二月、土佐藩参政の後藤象二郎が長崎を訪れ（上海で軍艦を買い付けてきた帰途）、坂本に接触を求めた。後藤は暗殺された吉田東洋の義理の甥にあたる上、龍馬をその犯人と疑う向きもあり（実際は無関係、大石団蔵らが真犯人）、また脱藩の罪も解かれていない状態だった。土佐勤王党と対立してきた立場だった後藤を、龍馬の周辺は警戒した。ところが、後藤は龍馬と意気投合し、これが土佐藩の藩論転換の契機となっていく。

四月、土佐藩は正式に坂本龍馬、中岡慎太郎らの脱藩赦免を決め、次いで龍馬を「海援隊」隊長に、中岡を「陸援隊」隊長にするとの藩命が下る。亀山社中と構成メンバーはほぼ同じながら、スポンサーが薩摩藩（小松帯刀）から土佐藩（後藤象二郎）へと変わり、いわば土佐の「別働隊」として海運を中心に働くこととなる。海援隊誕生であった。土佐藩の出先、長崎商会から給与が出されたこともあり、この頃長崎留守居役となって頭角を現した岩崎弥太郎（三菱財閥創業者）が支援するようになる。

海援隊の初仕事を不運が襲う。ここで五代が海援隊に「助け舟」を出さなくてはならない事件が起こった。瀬戸内海で遭遇した「いろは丸海難」事件である。

四月二十三日、坂本龍馬らが乗り組んでいた「いろは丸」（伊予大洲藩名義）は長崎から東へ向かって航行中、讃岐箱ノ崎沖合で、紀州藩軍艦「明光丸」と二度に渡って衝突。操船不能になった「いろは丸」は「明光丸」に曳航され、備後鞆津（鞆の浦）へ向かう途中に沈没してしまった。龍馬らは助かったものの、海援隊が運んでいたミニエー銃や弾薬など積み荷、賃借していた船はすべて海の藻屑となった。

小説などでは、坂本龍馬が御三家の紀伊藩（徳川家）を相手に賠償請求、万国公法（インターナショナル・ロウ）を引っ提げて、紀州方を論破したと描かれる。積み荷まで含めて八万両余りという法外な賠償金を求め、結果として「勝訴」するのだ。

　長崎で行われた裁きには幕吏はもとより、紀州方勘定奉行や土佐・後藤象二郎も出席。「万国の例に習うべき」と英国水師提督（ケッペル提督）の意見を求める提案があって双方が同意。加えて薩摩の五代才助に調停を求めたのである。この時期に、グラバーと最も懇意で英国海軍の提督に話が通せるような人物は、五代をおいてほかにない。この当たりの経緯を後藤は「五代才助を紀（州）より相頼み（中略）最早安心なり」（岩崎弥太郎の日記）と語っており、困り果てた紀州側から長崎で名の通った五代に、間に立ってもらおうと依頼したようだ。土佐側も「任せて安心」と考えたことが分かる。

写真家フェリーチェ・ベアトの撮影した幕末の長崎

　龍馬は海援隊の航海日誌なども用意し、明光丸側が夜間の航行にもかかわらず、見張りを立てていなかったことなど紀州の落ち度を突いた。五代は、紀州側に船代と積み荷の弁償の和解提案を出し、紀州はそれに応じざるをえなくなった（最終的な賠償金額は七万両）。交渉は「五代之申す条に任せ」（坂本龍馬の手紙）て手打ちとなる。本邦初の海事賠償訴訟での勝利は、龍馬のドラマチックな活躍によってではなく、概ね五代の人脈と筋書きによってもたらされたものだった。長崎の花街、妓楼《ぎろう》建ち並ぶ丸山では、「船を沈めたその償いは、金を取らずに国をとる」と事件のことを囃した俗謡が盛んに歌われたという。世論を巻き込む、これは龍馬らしい作戦だったと言えるかもしれない。

この「いろは丸」事件が片付いて直後、坂本龍馬は長崎から、後藤象二郎とともに上京。その際に龍馬は「船中八策」と呼ばれる建策をし、土佐藩は将軍に「大政奉還」を提案するという流れになっていく―というのが広く一般に信じられている話なのだが、実は少しだけ違う。

この船中八策について、現在では「後世の創作ではなかったか」との説もある。概略、船中八策の主張は「坂本龍馬オリジナルとは言い難い」との指摘がなされている。大政奉還や議会開設、開国しての殖産興業、憲法制定といった内容が盛り込まれているが、横井小楠（松平春嶽の政治顧問）をはじめ、当時の「先進的な知識人の考えていた公約数的提案」と言うことができる。幕府側でも「政権を朝廷に返す」意見が出て、それ以前に議論されていた。機は熟しつつあった。

十月十三日、将軍慶喜は二条城に在京各藩重臣を集めて、「大政奉還」に意見を求める。この時、薩摩藩の小松帯刀は、慶喜に即時上奏を求めたという（徳川慶喜「昔夢会筆記」）。後藤象二郎は小松の弁論に感心し、「小松氏は貴人に対する談論至極上手なり」と振り返り、ほかの藩の重臣はあまり発言がなかったと語っている。

翌十四日、将軍慶喜は大政奉還を朝廷に願い出た。翌十五日、勅許される。慶喜はのちに、「御書付が出た。それは小松（帯刀）の言った通りのものだった」と回顧し、大政奉還勅許について語っている（「昔夢会筆記」）。また「大日本維新史料稿本」（東京大学史料編纂所蔵）などに「（大政奉還は）全く薩（摩）の主謀にて、土（佐）藩を先立に使い候事」「名は王政すれども、実は薩（摩）政、土（佐）政、又は小松政、浪士政とも申すべき歟《か》」といった京都の世評が見受けられる。幕府内部でも、朝廷内でもいかに小松の影響力が評価されていたかが知れる記述である。同時代の人々は「大政奉還」について、慶喜の英断とか、龍馬の功績、とは思っておらず、小松帯刀（と薩摩）が後藤（土佐）を使って筋書き通りに進めたと認識していた証左である。

一方、十三日付で討幕の密勅が薩摩、長州に下された。薩長両藩は討幕へと動き出し、京にいた小松と西郷、大久保らは急きょ、鹿児島へ帰国した。

ひと月後、慶応三年十一月十五日（１８６７年12月10日）、京都河原町の近江屋で坂本龍馬と中岡慎太郎が暗殺されてしまった。

ミニコラム

龍馬の陰に隠れた人々

薩摩と長州が互いに「犬猿の仲」となってしまったのは、ご紹介した通り、「八月十八日の政変」から「禁門の変」の間のこと。そもそも長州が過激な攘夷運動に走り、京市中で「天誅」というようなテロ行為の結果、「朝敵」となった経緯があったからだ。以降、長州藩士は下駄の裏に「薩賊会奸」（薩摩賊臣、会津奸臣の意）と書き、ともに天を抱かずとまで憎悪敵対したという。だがそれ以前は、五代が高杉晋作や桂小五郎（木戸孝允）らと交友を持っていたように、薩摩と長州で個人的な関係を結ぶ志士は少なくなかった。

例えば、高杉晋作の発足させた奇兵隊は長州征伐（四境戦争）やその後の討幕戦争においても活躍を見せるが、その一番の理解者でパトロンとなったのは、前述した白石正一郎である。白石は国学を学び、尊王商人として知られ、月照上人（勤王僧、西郷と錦江湾に入水自殺したことでも知られる）や平野国臣（福岡藩士、生野の変で捕縛）、真木和泉（久留米藩士、禁門の変で敗走し爆死）ら攘夷派志士とも親しかった。奇兵隊が、根底で薩摩とつながっていたことは広く知られるべきことだろう。

さらに福岡藩士、月形洗蔵（筑前勤王党）も長州と薩摩を結ぼうと活躍した人物として知られる。往年の「鞍馬天狗」の映画などに出てきた月形半平太のモデルでもある。月形が薩長同盟の起草文を書いたことは、あまり知られていないようだ。こういった人物たちが、現在は坂本龍馬ひとりの陰に隠れてしまっている。しかし、実のところ「日本の政治を変えるために薩摩と長州は手を組むべきだ」と考えた志士が数多《あまた》存在したということは記しておきたい。

「船中八策」などもそうだが、坂本龍馬という偶像を作り上げ、史実ではほかの人が成し遂げたり、考えついていたりしたことを「龍馬がした」とするのは、小説やドラマ・映画の世界、いわばフィクションの世界ではいいこと（許されること）だろう。だが、幕末の史料を当たっていくと、世間一般のドラマや小説など脚色の過ぎることや矛盾していることはまま見受けられる（「汗血千里の駒」）。あくまで「数多くの無名の『龍馬』たちがしたことを、一人に仮託してヒーローとして描いたもの」と捉え、史実はもっと複合的で、多層な面があると考えた方がいいのかもしれない。

9　戊辰戦争

いろは丸事件の解決に一肌脱ぐ間にも、五代才助は長崎で大きな仕事に取り掛かっていた。修船場（ドック）の建設である。

幕末、蒸気船を購入したのは薩摩藩ばかりではなく、幕府も、佐賀藩など雄藩は独自に商船や軍艦を、グラバー商会などを通じて手に入れていた。薩摩だけで十七隻を数えていたという。薩摩ベルギー商社計画の中で、五代は「わが国には蒸気船が三十五、六艘あるが、修船場が一カ所もない」とドックの必要性を訴えていた。船は機関の修理・補修を始め、船底に付着したカキ類の除去や錆対策の塗装など、定期的なメンテナンスが必要。だが当時、国内に大きなドックがなかったため、蒸気船は

トーマス・ブレイク・グラバーの肖像（アバディーンのグラバー・ハウス所蔵）

上海へ回航してそれを行っており、時間と経費が掛かっていた。五代は「長崎に修船場を造れば、大きな利益が見込める」と考えた（「五代友厚伝記資料」）。

さっそく小松帯刀に修船場建設の許可を取り、五代はグラバーの助けを借りて長崎で最適な入り江を探して回った。幕府にも届けを出し許可を得（慶応二年春）、薩摩藩は小菅《こすげ》の土地を得て、小松名義でグラバーとの共同出資という形で建設に着手する。海軍伝習所時代からの付き合いがある通詞、岩瀬徳兵衛（公圃）に施工監督役を任せた。

これが日本最初の西洋式ドック、小菅修船場となった。通称はソロバンドックと言い、これは船体を載せて水中から引き揚げる台（船架）が、ソロバンのように見えることから、そう呼ばれた。長さは約三十七メートル、幅約十メートル、一千トン級の船が修理可能の施設。滑台式（スリップ）ドックといい、船を引き上げる動力装置など資材調達も五代、グラバーが中心となって進めた。

建設開始から二年後、明治元年（1868年）十二月、小菅修船場は完成。しかし、その時、小松も五代も長崎にはいなかった。維新の原動力というべき、薩摩藩の中心的な役割を担っていた二人は、当時すでに新政府に出仕。それぞれ小松が参与兼外国官副知事（外務次官）、五代は外国事務掛、次いで大阪府判事（府知事）兼務の重責を負っていた。竣工式には日本人・西洋人の多くの見物客が詰めかけた。長崎駐在の薩摩藩士・

野村宋七（盛秀）は、グラバー商会の船が引き揚げられるのを、井上馨と見物に出掛け、五代に手紙を送っている。そこには「其の蒸気力の感心なる事、筆上得て尽くすべからず」（筆舌に尽くしがたい）と興奮気味に記されていた。

小菅修船場は翌年、明治政府が買収し、長崎製鉄所の付属施設となる。その後、明治十七年（１８８４年）岩崎弥太郎のつくった三菱所有となり、現在の三菱重工業長崎造船所の礎となった。２０１５年に「明治日本の産業革命遺産」の構成資産の一つとして、世界遺産に登録されたことは記憶に新しい。

長崎と鹿児島の間を忙しく飛び回る間に、もう一つ五代の身に大きなことがあった。最初の結婚である。すでに長崎に内縁の妻と子があったのだが、その事情を知った上で娶りたいという長崎商人があり、五代は身辺整理する。そして五代本家から籍を分け、坂本家の娘（豊子）と祝言をあげた。藩主からは鹿児島に邸宅を賜ったという。

慶応三年暮れ、時代は風雲急を告げる。

徳川慶喜が大政奉還し、将軍職を辞した。十二月九日に王政復古の号令が出された。摂政・関白・将軍は廃止、総裁・議定・参与の三職が新設された。新政府総裁には有栖川宮熾仁《たるひと》親王が選ばれ、薩摩からは議定に藩主島津忠義（茂久を、維新を機に改める）、参与に岩下方平、西郷隆盛、大久保利通が任じられた。

すぐさま小御所会議が開かれ、慶喜の処遇をめぐって議論となる。結果、慶喜の辞官納地（内大臣を辞職、領地を返納）が求められた。慶喜は、決定を不服とする幕臣、会津・桑名の藩士を抑え、兵を引き連れ一旦大阪城へ下った。

下旬、膠着《こうちゃく》状態から一度は松平春嶽と徳川慶勝の周旋が実を結びつつあった。辞官納地の一部受け入れを条件に、慶喜を議定に任じるという政治決着がつこうとしていたのである。だが、大阪に急報が入る。薩摩藩邸焼き討ち事件だった。

薩摩藩の益満久之助、伊牟田尚平らが江戸の藩邸に浪人を集めて、江戸市中の治安を攪乱。江戸城二の丸が焼ける火事も発生し、討幕派浪士の仕業と噂された。市中警備を担当していた庄内藩は、逃げた浪人を追って三田の薩摩藩邸に迫り対峙。発砲事件が発生し、ついに十二月二十五日、幕府側が薩摩藩邸を焼き討ちする事件に発展した。

報を受けた慶喜は、明けて慶応四年正月一日（1868年1月25日）、薩摩藩を糾弾する上奏文「討薩の表」を朝廷に差し出し、翌二日、会津・桑名を中心とした一万五千の兵を上京させた。翌三日、度重なる挑発に旧幕軍が反発する形で、鳥羽・伏見に於いて戦闘が始まった。戊辰戦争の幕が切って落とされた。

五代は軍艦奉行として薩摩藩海軍とともに兵庫（神戸）に入っていた。薩摩海軍の「翔鳳丸」追って、大阪湾口で旧幕府海軍の榎本釜次郎（武揚）指揮する「開陽丸」など数隻が発砲する小競り合いも起こった。鹿児島に戻る軍艦「春日丸」は幕府の「開陽丸」の砲撃で損傷している。五代は陸上にあって戦闘には参加していないが、旧幕府方の指揮官と討幕側の指揮官はともに長崎海軍伝習所の「同窓生」だったわけである。

上陸して大阪にいた五代は、ひと月ほど前から薩摩を訪ねていたモンブラン伯と同道していた。パリ万博を終え、岩下方平らがフランスから乗ってきた軍艦「春日丸」に便乗して来日したモンブランは、薩摩ベルギー商社設立の契約を履行させようと、薩摩へ入り、藩主茂久（忠義）・久光父子に謁見したり、藩庁の指導部との折衝をしたりしたのである。だが、前述したように、薩摩藩は親英路線を決めており、ベルギー貴族とはいえフランスとも密接なつながりのあるモンブラン伯は「煙たい存在」になりつつあった。加えて、幕府が仏軍制を採用しフランス公使レオン・ロッシュも幕府に肩入れしている状況があった。五代は薩摩藩家老・桂久武あて手紙にも「嘆慨のほか無く御座候。天下の形勢只今切迫の折」とし、商社契約は三、四年前の「遠大な着眼」だったと計画倒れになったことを詫びている。

藩主忠義は、三千の軍勢を率いて京へのぼるための準備があり、モンブランとの対面は慌ただしいものとなった。しかし、ただでは転ばぬ五代と寺島は、モンブランを薩摩藩の財政・対外国交渉顧問との役割で雇用することにし、この時、藩主上洛に合わせて海路兵庫入りしたのである。モンブランは「幕府との内戦になるなら、各国へその旨通達、宣言した方がいい」と助言した。

新政府軍と旧幕府軍とは一触即発となり、噂の飛び交う関西は大混乱となる。初戦の鳥羽・伏見で新政府軍が「錦の御旗」をおしたてて勝利。六日夜には大阪城から慶喜が会津・松平容保らとともに脱出し、軍艦「開陽丸」で江戸へ逃げるという事態が起こった。しかも、軍艦奉行の榎本を陸に置き去りにして、という椿事であった。

ミニコラム　薩摩辞書

正式名称は「改訂増補　和譯英辞書」という、薩摩版英和辞書である。これは慶応元年（1865年）、薩摩の開成所学生であった高橋新吉（良昭、のち勧業銀行総裁）と前田献吉（正穀、のち外交官・元老院議官）、前田正名《まさな》（のち山梨県知事、農商務次官）兄弟の3人が、藩庁から資金を借りて上海で印刷した。

高橋と前田兄弟は、開成所で森有礼や鮫島尚信らと席を同じくし、留学を希望していたが、石河確太郎の留学生選抜に漏れ、藩費留学生になれなかった。彼らは自分たちで辞書を作り、それを売り上げたお金で留学しようと思いついたのである。元になった、開成所で使っていた堀達之助が編んだ「英和對譯袖珍辞書」をもとに語彙を広げ、発音の表記を「カタカナ」で行う工夫も加えた。また五代とともに英国から帰国した通詞の堀孝之（達之助の次男）の助けも借りて、編纂《へんさん》作業を行った。家伝によれば、堀孝之は父達之助の作った辞書を携えて密航したようだ。

明治元年（1868年）、長崎で英語を教えていたグイド・フルベッキ（オランダ出身の米国人宣教師）の協力で、上海の美華書院（米国長老派教会系の出版社）で印刷するつてを得て、高橋らは海を渡る。校正など終えて翌二年、二千部が刷り上がり、日本へ持ち帰った。むろん、若い藩士だけの力で、これを成し遂げる企画力や資金力があったわけではなく、小松帯刀と五代のバックアップがあってこそのプロジェクトである。資金援助をしてくれた中には薩摩・指宿の「山木屋」の屋号で知られる豪商、浜崎太平次もいたという。

鹿児島県立図書館の入り口（鶴丸城跡）に建つ薩摩辞書の碑

出版された辞書は、英語の学習熱が高まっていた明治初期、「薩摩辞書」として評判を呼んだ。広く顔がきく五代は販売を助け、その益金で高橋新吉と前田献吉は米国へ、弟正名はパリへと留学する結果になった。正名は、帰国するモンブランとともに渡仏する。この時にはモンブランが在仏日本総領事を委託（明治二年＝1869年）されていて、パリ・ティボリ街の白山邸に前田正名は寄宿することになった。一方五代は、この経験から国内での活版印刷普及を目指し、大阪活版所を設立。さらに明治四年（1871年）に再び、和英辞書を刊行させている。

ちなみに前田正名はフランスから帰国後、殖産興業への意見書「興業意見」をまとめ、特に農政分野で新政府を支えた。山梨県知事時代にはワイン製造を働き掛け、農政務次官まで務める。のち陸奥宗光と対立して下野後には「布衣《ほい》の農相」と呼ばれ全国を行脚（布衣は普段着の意味、「在野の農相」という意）。茶生産や養蚕などそれぞれの地にあった農業生産を呼び掛け、北海道では植林をすすめ製紙工場も作った。その活躍ぶりは農業における五代に例えられよう。

閑話休題、フルベッキについても触れておきたい（オランダ語に忠実に記すなら、フェルヴェックとなろうか）。近年、「フルベッキの群像写真」という写真が話題を集めていてご存知の方もいるかもしれない。「一枚の写真に維新の志士たち、坂本龍馬や高杉晋作、勝海舟、大久保利通、はては西郷隆盛までもが写っている」と言って、雑誌や新聞で一時まことしやかに掲載されていた。土産物屋などでもコピーが売られていたり、フルベッキ写真を取り上げて「明治天皇すり替え説」などを読み物にした本も出されたりしている。テレビでも取り上げられたし、はては「陶板商法」（写真を焼き付けた陶板を通販などで売る）にまでなっていた話題の「新発見」写真だが、時が経って真偽騒動になるとは、まったくフルベッキにしてもよい迷惑だろう。

この写真は実際、維新の志士は志士かもしれないが、フルベッキが教えた佐賀藩の英学校「致遠館」の学生たちと、フルベッキ（と息子）が京都からやって来た岩倉具定・具経兄弟（岩倉具視の次男と三男）と写っているものである（高橋信一氏「フルベッキ写真の解明」）。蛇足ながら、写真に写っている四十人余りの人物を、すべて有名志士としたものには「五代才助」の名も出てくるのだが、デタラメもいいところだ。

有名な「フルベッキの群像写真」に関連付けられた明治の元勲たち。実際は、オランダ系米国人教師のフルベッキと教え子であった佐賀藩士ら、岩倉具定兄弟が撮影されたもの

この写真のフルベッキは、長崎や佐賀藩で教えた後、大隈重信のつてで新政府の「お雇い外国人」となり政府に欧米視察を勧めた。彼の提言がのち、岩倉使節団派遣へと発展する（1871年）。その後は教育者として開成学校（東京大学の前身）などで教師を務めた。

10　神戸事件、堺事件、パークス襲撃事件

新政府が樹立されると、総裁、議定《ぎじょう》、参与の三職が置かれた。王政復古といって朝廷の古くからの摂関制度で、新たな政府が運営できるほど簡単ではなかった。幕府に丸投げしていた軍事や警察（治安維持）、さらに外交など果たさなければならない責務は多く、課題に対応する人材は不足していた。当然、討幕派であった薩長土肥をはじめとした雄藩から、幹部や有望な者が抜擢され、政府を動かすことになる。徴士参与という。徴士は諸藩から政府に抜擢された英才、有能な人物。五代もこの徴士参与として、外国通（英・仏・ベルギーなどにわたる人脈）を買われて外国事務掛に任命される。寺島も同様だったが、彼らがその選任を受けた直接的なきっかけは、一月十一日に起こった「神戸事件」だった。

神戸事件は、備前岡山藩の部隊が神戸を通行していたところ、行列前方を仏軍水兵二人が横切ったことが発端だった。岡山藩兵が無礼をとがめ、言葉が通じずに衝突。近くにいた仏・英・米の公使館守備隊と交戦するに及んだ。けが人は双方にあったものの、死者はなかった。ところが、外国側は兵庫（神戸）居留地を封鎖し、港に停泊していた各藩の蒸気船六隻を抑留、実質的に封鎖するという報復策に出たのである。その上で、

神戸市の三宮神社にある「神戸事件」の石碑

日本政府としての謝罪と発砲を命じた士官の死罪を要求してきた。

英国公使パークスが神戸におり、最も強硬だった。そこで、パークスと交渉経験があり、信頼関係のあった寺島を新政府上層部は頼りにした。新政府としては、内に旧幕府との戦いがあり、ここで列強の軍事介入を許すわけにはいかない、という非常に厄介な問題であった。新政府初の重要な外交問題ということができよう。先にも紹介したようにパークスは英政府から「内政不干渉」を指示されていたが、いわゆる攘夷事件、外国人を排除することを許すつもりはなかった。当時は備前藩兵に限らず、武士のなかには攘夷意識が濃厚に残っており、そういった中での偶発的な事故だったが、新政府に「攘夷は不可能」ということを知らしめようとの意図があったのだろう。

小松や寺島、五代はパークスをはじめ六カ国公使（英・仏・米・蘭・伊・普）との交渉を経て、政府としての対応を決め、「開国和親」の宣言書が布告された（一月十五日）。布告には寺島や伊藤博文、陸奥宗光らも列席した。これで神戸港封鎖は解かれることになった。二十五日には各国代表が「局外中立」を宣言、これは幕府にも新政府にも加担しないということであり、「幕府だけが日本の政府だ」と主張してきた幕府方にとっては痛手となった。すなわち、新政府が認められたということである。

一方で、神戸港封鎖を受けていた際に、宇和島藩主・伊達宗城《むねなり》（幕末の四賢侯の一人。この時、議定兼外国事務総督）名義の蒸気船が積んでいた銃器や金品など外国水兵に奪われるという事態が発生していた。名義は伊達宗城のものであったが、この船は実質的に五代とグラバーの船であり、薩摩藩士が乗り組んでいた。五代はこの「無法行為」を強くとがめたが、船と乗員が返されただけだった。

岡山藩の責任者の処遇については、五代や寺島、伊藤博文ら（「伊藤博文伝」の記述では解決に伊藤が活躍したように書かれている）が助命嘆願し交渉したが、部隊長を務めていた瀧善三郎の切腹（二月九日）で、事態の収拾が図られた。岡山藩の説得は非常に困難だったが、五代の働きが大きかったことを示す伊達宗城の日記が残されている。五代と寺島は「列強に比して日本の国力がないが故に、無法がまかり通る」と憤り、同時に不平等条約の解消（治外法権撤廃）や国力強化への決意を新たにした。

この間に政府官制の改定があり（新政府の発足当初は度々改編がおこなわれた）、二月三日、外国事務掛は外国事務局と改称。束ねる事務局掛は小松帯刀。判事には五代をはじめ、寺島、町田久成、岩下方平、伊藤博文、井上馨の六人が選任された。明治政府の錚々《そうそう》たる中の一員であり、いずれも渡欧経験のある適材適所の人選であった。

外国事務局は「開国和親」の方針の下、各国代表の京都招請を行う準備を始めた。ところが、相次いで五代らに難題が降りかかった。

神戸事件の余波も静まらぬ二月十五日（3月8日）、「堺事件」が起こる。泉州堺の港に入った仏海軍の軍艦「デュプレックス」は、港内の測量を行い、その後士官や水兵ら数十人が堺の街に繰り出した。酒を飲み、暴れて、商店を荒らした者もいたという。市中警備を任されていたのは土佐藩で、町民らの苦情を受け、船に戻るように説得したという。ところが、酔った仏軍水兵が土佐藩隊旗を奪って逃げたため、藩兵はこれを捕縛しようとした。これが紛争に発展、双方が発砲し、港で銃撃戦になってしまったのである。

結果的に水兵十一人が死亡、けが人も多数出た。射殺や水死の遺体を引き上げ、翌十六日にフランス側に引き渡したが、兵庫居留地にいた公使ロッシュは怒り、犯人（関係した部隊）の処罰と謝罪、ならびに賠償を新政府に突き付けた。報せを聞いた京の前藩主・山内容堂は英国公使館員を通じて藩士処罰の意向を伝えたという。ロッシュはすでに英国公使パークスらに強硬姿勢を示し、歩調を取った。

五代と寺島は京都と大阪、兵庫の間を頻繁に往復し連絡を取り合っている（「五代友厚書簡」、寺島「自叙」）。グラバーやモンブランを通じて、英・仏公使と度重なる交渉をした。寝食を削って働いた寺島は体調を崩すほどだった。英国公使パークスの調停も不首尾に終わり、やむなく賠償金十五万ドルの支払いと発砲した藩兵の処刑など、新政府は概ねロッシュの要求をのまざるを得なかった。

堺・妙国寺で二月二十三日（3月16日）、土佐藩士二十人の切腹が行われた。五代はその立会人となった。フランス側からも艦長アベル・ドュプティ＝トゥアールら士官らが立ち会ったが、土佐隊長の箕浦猪之吉らが次々と切腹し、十一人目までできたところで、仏軍人側が五代に中止を要請した。結果、残りの九人が助命された。一説に、日暮れに至り、軍艦長は帰途における襲撃を恐れたからであるという。一方で本人の日誌には「侍への同情も感じながら、この形での処刑はフランス側が望むように戒めになるどころか逆に侍が英雄視されると理解し中断させた」とある。いずれにせよ、この後ロッシュは、死亡者と屠腹者の数が同じことで寛大な処置を示す根拠ができたとして、九人の助命を了承する。

三十日（3月23日）、仏国公使ロッシュは求めに応じて、御所に参内。明治天皇から謝意を受けて、堺事件は一応の終結となった。この際、五代はロッシュ一行が京都市内で見物人に囲まれて立ち往生したのを、機転をきかせて助けている。外国公使らが初めて京入りするというので、野次馬が集まり道をふさいでいたので、騎乗の五代はとっさに馬の腹に鞭を当て、馬が躍り上がってわななき、群衆はあわてて四散したという。それに乗じてロッシュは御所への道を進むことができたのであった。

仏紙ル・モンド・イリュストレに描かれたパークス公使襲撃事件（ウィキペディアより転載）

ところが、同日に参内する予定だった英国公使パークスが、またも事件に巻き込まれる。堺事件など一連の政府対応に不満をもっていた攘夷過激派二人（朱雀《すざく》操《みさお》、三枝《さえぐさ》蓊《しげる》）が、行列に斬りかかったのだ（パークス襲撃事件、縄手事件）。警備に付いていた中井弘蔵（のち弘《ひろむ》、京都府知事、薩摩藩出身）と接待係の後藤象二郎が応戦し、事なきを得たが、パークスは大事をとって参内を翌日に延期した。五代は通訳で書記官のアーネスト・サトウを通じて、パークスに謝罪。また、襲撃犯の処刑と一味の捜査を指示した。それまでの偶発的な衝突とは違い、要人を狙ったテロであり、五代は切腹のような名誉ある処遇ではなく、厳重な処罰を主張した。
この中井弘は、のち桜洲山人を号とする「明治の奇人」として知られる。薩摩藩士としては横山休之進といい、脱藩し各地の尊攘派志士らと交友を結んだ。薩摩藩に追われた中井を五代は長崎で匿ったこともあり、その後五代は中井を宇和島藩に頼って逃がし、中井はそれを機に密航して英国に渡る（慶応二年＝1866年）。帰国後は宇和島や土佐藩・後藤象二郎、坂本龍馬らとの人脈を生かして維新に関わり、新政府では外国経験を買われて外国事務各国公使応接掛となっていた。二人は若い頃から親交を結んでいて、この後もことあるごとに五代と中井はその人脈が交差し、明治の官界・財界でカギを握ることになる。ちなみにだが、中井は「鹿鳴館」の名づけ親としても有名である。

ミニコラム

大阪遷都案

新政府の中心の一人となった大久保利通は、参与・内国事務掛として、いよいよその実力を発揮しつつあった。五代は後に、大久保の懐刀と言われるような存在になるが、新政府設立直後から次第に外国通で、開けた視野を持つ五代の意見を聞いている。遷都問題もその一つだ。大久保は「内政の御一新」ということを課題に抱えていた。幕府から新政府へと、王政復古を言いながら実は欧米列強に伍する政府を作る「復古」ではない「刷新」を実現しなくてはならなかった。

その方策として、遷都が考えられ、五代にも相談があった。大久保は「天皇が雲の上にあり、御所の中で隔離隔絶しているのは良くない」「帝も万民と親しく接する機会がなくては」とし、京都の旧態然とした宮中勢力から天皇を切り離す必要を強く感じていた。五代は英国やベルギーなどの王室と国民の距離というものを話して聞かせ、大阪への遷都に同意する。大久保の天皇親政への思いは非常に強かった。

一月二十三日、大久保は太政官にて大阪への遷都を主張。「因習の京都を離れ、交通の開けた大坂以外に首都はない」と提案、これに木戸孝允が賛成して、いったんは決まる。まだ江戸城は徳川の城であり、関東がどうなるか将来の見えぬ時点でもあり、大阪が帝都になる可能性は濃厚と見られていた。五代の提言で造幣寮（造幣局）は大阪に建設準備がされ、近代化は進みつつあった。

一方、公家や保守派から強い反対の声があがる。大久保は反対派公家にも受け入れられやすい、親征のための一時的な「大坂行幸」を提案し、これが決定した。この行幸は明治天皇にとって初めての京都以外への旅で、三月に実施された。大阪・守口の難宗寺は一日御所となり、今もその玉座が保存されている（「明治天皇行幸誌」）。明治天皇は大阪城まで足を運んだ。

結局、江戸無血開城の後（四月）、前島来輔（密）の進言で江戸遷都が決定的となり、五月には江戸が東京と改称された。これにより、大阪首都の夢は破れてしまった。

ちなみに表記の都合上、「大阪」で統一しているが、実は江戸期以前は「大坂」という表記が大半であり、それ以外に泉州（和泉のこと）であったり、もっと地域が限定される表記がなされることが多かった。現在の大阪エリアを指す言葉として「大阪」の表記がされるようになるのは明治初め。すなわち慶応四年の「大阪府」ではないか、と推定されている。広く「大阪」が使われ、正式名称となったのはまさに五代の時代からなのである。

11　大阪府権判事

関西で立て続けに起こった「国際問題」の解決に、五代が心血を注いでいる間にも、新政府軍は東へと、江戸へと向かって軍勢を進めていた。慶応四年（１８６８年）二月九日、有栖川宮が東征大総督に任命され、参謀の西郷隆盛らと京を出発、東海道・東山道・北陸道と三方向で進撃していったのである。江戸に帰着していた前将軍徳川慶喜は十二日、江戸城を出て上野寛永寺に謹慎し、恭順の意を示す。

甲州では新選組を母体とする甲陽鎮撫隊との戦いなどがあったものの、討征軍はほぼ抵抗らしい抵抗を受けず、三月関東に達する。ご存知の通り、十五日に予定されていた江戸城総攻撃は、幕府全権を任された陸軍総裁・勝海舟と西郷との会談で、すんでのところで回避された。

勝が江戸高輪の薩摩藩邸に入った西郷を訪ね、会談を行ったのは三月十三日（4月5日）。旧幕府側は大久保一翁（幕府会計総裁）や山岡が、新政府側（薩摩）は村田新八、桐野利秋らも同席していた。慶喜の処遇などで意見が分かれたが、西郷は翌十四日の話し合いで、慶喜の水戸での隠居・謹慎という勝の提案を承諾、武器や艦船の引き渡し、城内のものの退去など他の処分案も「勝先生を信頼」して、十五日に予定していた総攻撃の中止を決めた。ここに江戸は戦火を免れたのである。

実は西郷は、勝と会談した初日（十三日）、横浜居留地の英国公使パークスに意見を求めている。総攻撃のあった場合に備え、負傷者が出たとき野戦病院に英人医師を出してもらえないか、居留地の病院を借りられるか交渉する狙いがあった。実は鳥羽・伏見の戦いの後、公使館付き医師ウィリスを京都に派遣してもらい、多くの負傷兵が助かった経緯があったからである。

ところが、パークスは「前将軍は恭順の意を示しているのに、討伐するのは人道に反する」として、江戸城攻撃に反対の意向を表明した。英国側は「内政干渉しない」方針ではあったが、江戸で大規模な戦闘が起こることは横浜・神奈川にも影響の広がる恐れがあると判断した。また、勝は英国公使館とも清水卯三郎など独自のルートを持っており、パークスへ働き掛けていたという説もある。

これが大きな要素となったかどうかは議論も分かれるが、ともかく西郷は決断し、「総攻撃中止」と徳川家処遇の報告を駿府へ、さらに京都にも了承を取りに戻る。西郷の大久保宛の書簡によれば、その後、アーネスト・サトウからの書簡を受け取り、横浜のパークスと会見する。この際に西郷は「朝廷の統一事業に干渉しないよう」に再度確認し、さらに徳川家と慶喜の処分案を示した。パークスからは「万国公法（国際法）からも非難の余地はなく、感服つかまつる」と褒められたという。

その間にも五代は、次なる課題に取り組んでいた。大阪港開港へ向けて川口運上所が設けられ、閏四月、五代は陸奥陽之助（のち宗光）とともにその関税事務、外交事務一般の責任者となった。現在でいえば、外務省と税関の窓口を両方兼ねた職務である。五代はその仕事を通じて、さらに大きな課題を見つけた。貨幣問題である。

江戸時代、一般に流通していた貨幣は「一分銀」という。いわば銀貨であるが、質もまちまちであった。幕末、米国との交渉で幕府はこれを一ドル銀貨と一分銀三枚を交換するレートを取り決めた。そしてこれが日本からの金の大量流出へとつながったのである。仕組みは説明すれば長くなるが、外国人商人が一ドル銀貨（メキシコ銀貨、洋銀）をまず一分銀三枚に交換し、両替商に持ち込むと一分銀四枚で一枚の一両小判（金一両）に両替してくれた。これを、国外に持ち出し地金として売却すれば、小判一枚が四ドルとなった。すなわち最初ドル銀貨を四枚持っていたら、それが一分銀十二枚となり、それを小判三枚に交換して国外に持っていけば、ドル銀貨十二枚で売れるという結果を生んだ。

このサイクルを使えば、ただ日本から持ち出しただけで三倍のぼろもうけとなる。このため、日本の金は大量に流出、もちろん幕府も手をこまねいて見ていたわけではないが、最初に約束してしまった取り決め（「日米修好通商条約」）を変えてくれといっても、相手はぼろもうけが分かっているのだから変えてくれるはずはない。封建時代は経済という概念がほとんどなく、特に朱子学では「金儲けは卑しいこと」と教え、それが幕府の奨励した武士の学問であったため、こういった現在では信じられないようなことが起こった。

左から江戸期の一分銀、一分金、二分金。幕末海外に大量流出した

この問題の深刻さに気付いた幕府は、貨幣改鋳（万延《まんえん》二分金、金の含有率の低い小判を発行）、一分銀との交換レートを見直すなどして急遽対抗する。すると今度は、国内で貨幣価値が極端に下がり、急激なインフレが起こる結果を呼んだ。幕府の権威と信用の失墜も加速したのである。

すでに国外の貨幣経済について知識があった五代は、貨幣制度の立て直しの重要性に気付いた。もちろんそれに気付いていた先人、幕臣では水野忠徳《ただのり》、小栗忠順《ただまさ》（上野介）や川路聖謨《としあきら》らがいたのであるが、彼らの取り組みは五代に引き継がれた。それは大きく分けて二つ、貨幣改鋳と条約改正である。

財政通として当時知られていたのは、由利公正《きみまさ》（福井藩士）だった。もとの名を三岡八郎といい、松平春嶽の懐刀として知られた横井小楠に教えを受け、また坂本龍馬とも交友の深かった人物だ。維新後は参与・会計事務掛として新政府の財政を担って、太政官札（明治政府が初めて発行した紙幣）発行を建策、五月に発行し流通を始めた。これは主に戊辰戦争の戦費調達のためだったが、まだ新政府への信頼度もなく、外国商人からは無視され（金と不換紙幣だった）、さらに偽札も横行するなど流通は困難をきわめた。また同月、政府は「銀目廃止」を通達する。銀の流通を禁じたことで、なおさら銀を中心に流通していた大阪の市場は混乱、大阪では三十余りの両替商が倒産することになった。

困っていた大久保に、五代は貨幣鋳造のための機械導入を勧めた。当時は紙のお金より、金貨銀貨の方が信頼がおけたのである。五代は大阪に「ロンドンのシティーのような金融街を」と造幣寮（のち造幣局）建設を推進。グラバーに依頼して洋式の造幣機を用意、香港から輸入する段取りをつける。六万両という契約であった。

太政官札発行のちょうど同じ時期、五月二十四日付で五代才助は外国官権判事を兼ねたまま、大阪府権判事《ごんのはんじ》に任命された。実質的な大阪府の行政トップであり、しかも運上所税関業務も外交業務も兼ねている。想像を絶する働きぶりである。七月、大阪港は開港された。当時の大阪港は安治川《あじ》（淀川の下流域）河口を利用している河港であり、この時は安治川左岸が開港場となった。川口には広さ八千坪に及ぶ外国人居留地が設けられ、隣接する冨島に港が浚渫・築造に着手することとなる。同時に外国人らの遊興歓楽地の必要性から松島遊郭も建設された。五代らは「大阪開港規則書」を作成するなど、多くの仕事に追われた。

慶応四年九月八日（1868年10月23日）、慶応は改元され、明治元年となった。同十八日、五代は大阪府判事（知事）となり、従五位に叙せられた。その直後、二十二日、会津若松城総攻撃の結果、ついに会津が降伏した。江戸は東京と改称され、明治天皇が江戸城に入られて、皇居となった。ついに東京が日本の首都となったのである。

ミニコラム　**大阪造幣寮（造幣局）**

明治新政府は慶応四年四月に旧金座および銀座を接収し、貨幣司を設けて金貨銀貨の鋳造を引き継がせた。折よく、直前に英国の香港造幣局が閉鎖となっており、ジャーディン・マセソン商会からグラバーは「造幣機械の買い手を探している」との情報を得ていた。五代とのパイプが生き、契約は六万両で結ばれた。渡りに船である。

五代は薩摩藩士で開成所の英語教師も務めた、上野敬助（景範《かげのり》、のち外交官）を香港に派遣。香港造幣局の局長を務めていたトーマス・W・キンドル（キンダー）も、この時日本に招く手はずも整えた。香港のオリエンタル・バンク（東洋銀行）と契約が結ばれ、キンドルが来日、造幣寮の首長（工場長）に任命されるのは二年後、明治三年（１８７０年）三月のこと。造幣寮はその年十一月、銀貨鋳造を開始した。翌明治四年、新貨条例が敷かれ、その後造幣寮は造幣局と名称変更された（明治十年＝１８７７年）。

五代は大阪造幣局の計画の端緒を作ったが、その後、翌明治二年に政府を辞してしまい、造幣局の運営には関わることがなかった。だが、奇しくも五代とは縁のある人物が大阪造幣局に直接携わっている。運営開始の明治三年から亡くなるまでのおよそ二十年間も務めた遠藤謹助。前述した「長州ファイブ」の一人で、ロンドンで五代と出会った「密航渡英」仲間である。英国の金融制度・通貨制度を学んで帰国した遠藤は、のち明治十四年（１８８１年）には造幣局長となった。現在も続く、大阪造幣局の「桜の通り抜け」は当時（明治十六年）、局長だった遠藤が「役人ばかりが花見をしていてはもったいない。大阪の人々にもたくさん見て楽しんでもらおう」と始めた、と伝えられている。

もう一人は吉田清成。薩摩藩留学生で英国から米国に渡って学んだ吉田は、新政府に出仕し、外交畑や経済畑で活躍した。大蔵少輔《しょうふ》となった吉田に、キンドルと対立した遠藤が「外国人本位の造幣局運営」の問題点を直訴。当時のキンドルの給与は大久保や井上馨といった政府高官らのそれよりも高く、経費を圧迫していたことや、東洋銀行との契約で「造幣額の千分の一を日本から（英・東洋銀行に）支払う」条項があったことなどの解消を訴えた。大蔵卿だった大隈重信と吉田は英国側と交渉し、結果としてキンドルら十人のお雇い外国人技師は解雇されることとなった（明治八年＝１８７５年）。この時、吉田が遠藤を救わなければ、遠藤が造幣局長になることはなく、従って大阪の春の風物詩「桜の通り抜け」はなかったかもしれないのである。

明治30年頃発売された「京阪土産名所図絵」（絵葉書）の「川口波止場」

12　突然の異動、下野

慶応四年（１８６８年）夏、五代が大阪府権判事の頃には、堺・戎島《えびすじま》に堺紡績所の建設が進められた。これは五代らが英国派遣の際に購入をした紡績機械を利用した鹿児島・磯の鹿児島紡績所の別工場として計画されたもので、薩摩藩が出資した「コンペニー（会社）」（小松帯刀宛て伊地知壮之丞書簡）であった。薩摩の開成所教授を務めた洋学者・石河正龍（確太郎）、伊地知貞馨《さだか》（壮之丞）らが中心になり「泉州堺薩州商社」を設立し、二年後の明治三年（１８７０年）に本格的に稼働することになった。これは日本で二番目の本格的な紡績工場で、近代紡績業の礎となった。新納久脩もこの事業に尽力した。すでに判事を辞していた五代は設置の経緯から、この紡績工場の製品を国外輸出するための営業も行った。

ちなみに、この紡績工場は、廃藩置県（明治四年）で薩摩藩がなくなってしまったため、明治五年四月には新政府の所有となった。石河は大蔵省勧農寮に出仕することになり、その後、富岡製糸場の運営を指導するなど「明治の産業革命」を推し進めていくことになる。

十一月にモンブラン伯から大阪と神戸を結ぶ電信事業の提案がなされた。架設願いが仏領事館から出されたのである。これは、五代が薩摩ベルギー商社の契約にも盛り込んでいた事業の一つであり、モンブランとしては狙いどころだった。同時期に東京横浜間の電信創設が、神奈川県知事となっていた寺島宗則（陶蔵）からも建議されて、十二月電信官営の方針が出された。五代はモンブランの事業計画を却下する回答をせざるを得なかった。

いまだ箱館では榎本武揚ら旧幕府方の抵抗が続いていたものの、東京への遷都から二月余り、関西は次第に戦乱から落ち着きを取り戻そうとしていた。激動の慶応四年＝明治元年が過ぎる。

明治元年（１８６８年）師走時点で、東京の外国官権判事が誰だったか、と言うと森有礼。薩摩藩留学生の一人として五代に連れられて海を渡った、森金之丞である。英国でローレンス・オリファントに米国のキリスト教者、トマス・レイク・ハリスを紹介され、米国東部で学問を続けた森は、同じ年の八月に帰国したばかりだった。森は小松帯刀の病を心配して、五代に手紙を書いている。小松は天皇の東京入りに際し東京への赴任辞令を受けていたが、大政奉還の後辺りから脚痛などの体調不良を訴えることが頻繁で、天皇の東幸発輦《はつれん》（乗り物が出発すること）には随行することがかなわずに見送りしただけだった。

小松は十月八日、大阪の五代にあてて「少々の運動にて、胸痛相発し、その故、書見執筆全く相叶い申さず」と手紙を出している。その後、船で東京に行くが、自身の後任の外国官副知事（外務副大臣に相当）に大隈重信を推薦し、帰郷を願い出た（十一月七日）。辞任が許された小松は、中井弘の随行で横浜から船で大阪を目指したが、悪天候に見舞われて十一月二十一日、ようやっと天保山の港に到着した。疲労はひどく、病は重くなる一方だったようである。

小松帯刀（奥）とキング提督、島津珍彦（忠義の弟）。パークス英国公使の鹿児島訪問の際（慶応２年撮影か）に撮られた、小松の写真としては最も晩年に近いものという（薩摩英国館所蔵）

森有礼は小松が東京を去り、「あとには判事の町田久成、権判事の南貞助（高杉晋作の義弟・従弟）らしかおらず、鮫島尚信は東京府在勤だが、大隈（重信）が未着で、小松なくしては外国官も甚だ心配だ」と五代にこぼしている。着任した大隈は、外国官副知事に加えて、会計官副知事も兼ねることとなった。

年明け、明治二年正月、福井藩・松平春嶽に用いられた思想家、横井小楠が暗殺されるという事件が起こる。太政官札発行などの財務政策を担っていた由利公正は、政策の行き詰まりに責任を取り、辞職せざるを得なくなった（貨幣司は二月五日閉鎖）。由利にとって横井は師のような存在であり、二重の痛手だったろう。横井の暗殺は大阪で療養中の小松も知り、大久保宛書簡に驚愕したと書いている。参与の大久保と大隈は、小松に政府に戻ってくるよう盛んに願うが、病状がそれを許さず、かわって五代に東京へ来るよう要請する。

「貨幣改所」を設置し、貨幣改鋳を一手に行うことや貿易を管轄する「通商司」の設置、さらに銀行開設など、西洋並みの金融制度整備が喫緊の課題となっていた。五代の知恵を借りたいと、大久保と大隈はわざわざ大阪から呼び寄せたのである。大隈は築地西本願寺近くの旗本屋敷を払い下げてもらって住まいとしていたが、この大隈の屋敷は同郷者ばかりでなく、志士書生のたまり場となり、水滸《すいこ》伝にちなみ「築地梁山泊《りょうざんぱく》」と後に呼ばれるようになる。井上馨や伊藤博文、中井弘らも頻繁に出入りしていたという。

明治二年（１８６９年）春時点で、議定は十六人、参与は十四人という。明治初期の新政府では役職の縦割りがほとんど意味をもたず、五代のように有能な官僚は一方で、大阪府の地方行政官を務めながら、財務官僚や「殖産興業」の経済官僚、さらには外交官、税務官の職までも務めなければならなかった。前述したように、川口運上所は税関の役割であり、五代が大阪税関「初代所長」とされる所以だ。

大阪港は水深の浅い河口港で、大型の外国船はのち神戸（兵庫）港に集中していくのだが、当初は京都への利便性もあって外国商人が集まった。中には、居留地で悪徳商法まがいのものも出てきたという。特に、先に紹介したような銀貨の両替「ぼろもうけ」商法など、決められた以上の金（小判）を持ち出そうとする密輸者もあった。五代はこれらの無法者には厳しく対応したことで知られる。

五代の厳しい対応に困った各国の商人は神戸の領事館に泣きついて、伊藤俊輔（博文）に相談したという話も伝わっている。外国側は強く出れば日本側が引っ込むと高をくくっていたふしがある。

伊藤博文が中島作太郎（信行、元海援隊士）と連名で、五代才助あてに送った忠告書があり、「小利を謀り、大利を失い、国民に不便ならしむるは官府の事務とする処に無之乎《これなきか》」とし、五代が一方的に大阪商人の言い分を聴き、外国商人の仕事を妨げて、かえって国益にそぐわなくなると厳しく抗議している。

しかし、五代はこれに対して、「彼我の便利を相謀り、公明正大の処置及び候儀は今日その事を司る官吏の任に之有」と書き、「貿易といいつつ、国益にそぐわぬ密貿易まがいは許さない」と厳重取り締まりを続けると突っぱねている。この後、英国領事から「兵庫のように緩やかにしてくれ」といった趣旨の抗議もあったが、一蹴した。

「五厘金」という、江戸時代からの関税（輸出入額の千分の五を徴収する）があったが、これを外国商人は廃止せよと要求したこともあって、五代に圧力をかけようとしたという話もある。五代は大阪で五厘金を課し続け、決して安易な妥協はしなかった。

無論、五代が外国を敵視するいわゆる「攘夷主義者」ではないことはこれまでも書いてきた通りだ。彼は薩摩一の「開国派」で「貿易促進を是としている人物」であるから、単に外国商人だから取り締まりを厳しくしていたとは考えられない。この辺りの倫理観、「悪いことは悪い」とする潔癖さ剛直さは、薩摩の郷中教育で培われたものと言えるだろう。五代が幼いころから議論（討議、ディベート）が得意だったことも紹介したが、西洋人にも負けずに理屈で向かっていく点が、外国勢力からは「タフネゴシエーター（手強い交渉役）」と認識されていたのであろう。

五代は大阪で、外国公使や領事らから日本の通貨政策に対する非難を浴びるほどに聞いていたが、外圧によって政策を決める愚かさは「幕府の二の舞」と考えた。四月、築地の大隈邸に入って、大隈はもとより大久保、岩倉具視らと協議した。現在に例えるなら「非公式の閣僚懇談会のようなもの」で、これに財務大臣が大阪府知事ながら財政通の人物を召喚したような形と言えようか。この五代の東上、大隈はじめ新政府中枢との会談がのちの大隈の貨幣改革につながっていく。明治四年（１８７１年）、新貨条例によって、通貨単位を「両」から「圓（円）」に切り替え、本位貨幣を金貨にし、金本位制度を採用する。旧一両を新一円とする事を定めたが、「一両が四分、一分が四朱」という江戸時代からの分かりにくい貨幣単位ではなく、十進法を採用し「十銭で一円」とした。

突然、五代に辞令が下される。

明治二年（１８６９年）五月、新政府は五代才助に会計官権判事の役職を与え、同二十四日に横浜への転勤を命じられた（神奈川県通称司知事兼任）。背景として、大久保や大隈らには、新貨条例の政策実行者として信頼できる五代を手元に置き、遂行させる意図があったと思われる。財務官僚として必要とした、ということになろうか。

だが、外国勢力の意向を無視できぬ伊藤博文らが、「目の上のこぶ」の五代を遠ざけたという説もある。栄転だったのか、左遷だったのか。真相は闇の中だが、五代は最初、辞令に従って横浜へ赴任する。

五代への突然の辞令を、「中央政界への飛躍とはとらえなかった」のが、大阪の外国事務局の人々。すぐさま五代の部下たちから慰留の声が上がる。復職嘆願書には「坂地《はんち》草創より逆をくじき、順を助け、士を教え、商を導き、広く仁慈を垂れ（中略）衆人を子の如く憐《あわれ》み、私共一同（五代を）父のように慕ってきた。犬馬の労を厭わず奔走されたのに、他港に転任されては進む方向を失い、歎息悲泣のほかはない」「（五代を失えば）船の舵を断じ、車の軸を失えるが如く、衆人愕然の外なく、実に嘆息の至り」とある。その中には土居通夫（宇和島藩士、大阪商業会議所第七代会頭）らの署名もあり、その数百三十七人に達した。

その声は、大阪の豪商たちの慰留運動にまで広がる。住友の総支配人である広瀬宰平（別子銅山を近代化）や鴻池財閥の初代総帥となる鴻池善右衛門（十代目、幸富《ゆきとみ》）、広岡久右衛門（九代目＝正秋、広岡浅子の義弟）ら大阪を代表する商人六百人が名を連ねた歎願も出された。大阪の開港に尽力し、外国交易にしっかりとした見識で正否を正し、商業を守ったということが連ねられている文章だ。嘆願文は「国際商都・大阪のために、五代に当地を統括してほしい。それがすなわち天朝の為である」と訴えている。

一度は横浜に赴いた五代だったが、七月四日、政府を辞して大阪に帰った。直後に参議になることが決まっていた大久保や外国官副知事（大隈の後任に）となっていた寺島宗則に、五代は「退官して、民業に努める」決心を告げた。大久保は慰留したが、五代の大阪への思いと、商工業の発展にかける熱意は止められなかった。

五代は新政府から「勤務に精励したのは神妙である」として晒布《さらしぬの》二匹、金七百五十両を与えられた。大阪に戻った五代はすぐに、大阪（今宮村）の両替商・久里《くのり》正三郎（紀伊国屋、紀の庄）の別邸に金銀分析所を設立する準備に入ったのを皮切りに、実業家としての道を歩み始めた。

ミニコラム　武勲と文勲

五代は明治維新直後からほとんど大阪に在勤し、鹿児島に帰ってくることなく、新政府の官僚となっていった。武士ではあるが、その知識や外国経験は当時としては稀有で、外交官として目覚ましい活躍をする。新政府にとってみれば、これは得難い人材であり、現代の視点で見れば至極当然であろう。しかし、同時代の、特に武士階級には違った見方もされた。

五代の薩摩閥内や国元での評判は決して良くなかった。いわゆる武勲派、文勲派といわれるような争い。武勲派の藩士から「汗も血も流さず、後方でぬくぬくして、戦場に出た自分たちよりも良い地位に着いた」と、そう思われたことが、史料に残っている。森有礼の手紙などにも残されているが、以下に高崎正風の手紙を紹介する。

「近来徴子《ちょうし》先生達の不評判、十に八九は驕奢《きょうしゃ》尊大の二に帰し候哉に候。凡俗嫉妬の情より相起候儀にて無之候《これなくそうら》共《えども》、小人の舌頭に被懸《かかれば》、大志を不遂《とげず》も愚に属《ぞくし》候故（中略）、君（五代）の名も随分高く候段、御油断は難相成《あいなりがたく》候」

高崎は五代に、国元では政治的な才能によって官僚として栄達している人々への嫉妬や新政府への不満が、五代のような人物に集中して悪感情を生んでいることを心配している。例えば横井小楠のように難に遭うかもしれないので「随分（五代が）悪名高いから、油断するな」と言っている。以前にも、薩英戦争で英軍側捕虜になったときに、五代は攘夷強硬派に裏切り者と思われ、命を狙われたことがあったが、時代の先々を読み、広言する五代は反感を買うことも少なくなかったようである。

五代に限って言えば「驕奢《きょうしゃ》尊大（おごりたかぶり、えらそうなこと）」や「専恣《せんし》（わがままで自分の言うとおりにしないと気が済まない）」というのは、ほとんど言い掛かりのようなもの。英国で見た産業・経済の発展を目標に「大阪を日本のマンチェスターに」と掲げ、働き回っている五代にしてみれば、「この苦労をなぜわかってくれないのか」と思ったことだろう。しかし、ロンドンもマンチェスターも知らぬ「小人」にとってみれば、「弁舌で大阪府知事になった」と五代の失脚を願う人物もいたかもしれない。

ともあれ、新政府内で五代は高く評価されていた（大隈や大久保が頼りにし、伊藤や井上らはライバル視している）と同時に、薩摩閥や国元において嫉妬や誤解による誹謗中傷も被っていたことは間違いない。しかし、何より五代の転勤（左遷？）が知らされた後、ともに働いていた人々からの「留任」を求める嘆願書、さらに大阪商人にまで広がった慰留運動こそ、五代友厚の人物像を語る上で重要ではないかと思う。明治二年は五代、三十五歳の年であるが、この慰留嘆願書を読むとその人望たるや驚くしかない。

13　小松帯刀の死

五代は大阪の東区梶木町五丁目（大阪市中央区北浜）に居を定め、明治二年（1869年）八月に鴻池らを口説いて、大阪為替会社と大阪通商会社の設立をいち早く行った。これは東京・築地大隈邸で政府に説いた、両替商の時代から銀行への転換を、自らが事業として取り組む「第一段階」であった。

五代は自身の事業を「家業」と呼んだが、そのために長崎にいた古くからの人脈を大阪に呼び寄せる。元通詞で小菅修船場の現場監督を任せた岩瀬公圃や薩摩藩英国派遣で通詞を務めた堀孝之らである。小菅修船場はこの年の三月、政府が買い上げて官営としていた。十月に両替商・久里正三郎の助けを得て金銀分析所を開設すると、岩瀬を会計に、堀を秘書兼通訳に任じた。

この金銀分析所は、乱造された貨幣を最新の冶金《やきん》術で成分分析する施設で、貨幣を精選し、不純物が多いものは取り除き、地金として大阪・造幣寮に納入するという事業を行った。五代は貨幣健全化を企図し、同時にこれによって日本の鉱山経営近代化への道筋を見出していく。

病のため鹿児島に帰っていた小松帯刀（清廉）は、版籍奉還を先取りして明治二年二月に自身の領地返納と家格返上を申し出た。この際、藩庁はこれを許可せず、六月に政府が版籍奉還を決定し、藩士家格の廃止と給録改革を通達すると、八月になって薩摩藩でもこれが実施された。健康状態がすこし良かった小松は、それより早く七月、船で大阪に戻り、版籍奉還の薩摩藩での実施を大阪で聞いた。

「商人として生きる」決心をした五代が、新たな事業を起こした時期に重なる。小松を見舞った五代は、その際小松から仕事を頼まれる。五代の家もそうだったが、小松の家は儒学者の家系であり、所蔵していた中国史書「二十一史」を刊行してほしいと原書を託された。竹馬の友であり、薩英戦争以来、英国派遣やパリ万博、明治維新の激動の時代、常に手を携えて乗り切ってきた上司であり、親友である小松の依頼を五代は快く引き受けた。すぐに長崎で活版印刷に取り組んでいた本木昌造のもとに連絡を取り、弟子の酒井正三（三造）と小幡正蔵（のちに築地活版所を開く）二人の技術者を大阪に招いて大阪活版所を開業させる。これが日本初の近代的な印刷事業になる。ちなみに英和辞書も再びここで印刷・刊行しようとしたが、これは組版がうまくいかずに「大阪辞書」は失敗に終わる。

小松との対面で帰郷を勧められた五代は十二月、久しぶりに鹿児島の土を踏んだ。版籍奉還があってもまだ廃藩置県はなっていない時期、薩摩藩・島津家は依然存在しており、新政府を辞しても五代は薩摩藩士であることに変わりなかった。

兄徳夫とは不仲だったようである。先に紹介したような、才助へのいわれなき誹謗中傷もあり、父母がすでに亡くなってしまったこともあり、さらに儒学の家という誇りも兄徳夫にはあったのだろう。「外国人に武士の魂を売り、商人もどきになって栄達した」というような悪評は、徳夫と才助の関係に影響を及ぼした。

才助はすでに武士身分を捨てようとしており、日本の経済強化や産業振興を見据えている目には、薩摩藩内部での処世はつまらぬものに映ったとしても不思議ではない。才助は前後して、鬱屈した自身の思いを「惣難獣《そうなんじゅう》」と題した戯画と時勢諷刺に込めている。人の世に巣食う悪鬼のような、欲望や怨嗟といったもの、ままならぬ世の中、不条理を彼なりに描いたのかもしれない。才助はそれ以前に、縁の薄かった最初の妻、豊子を離別している。久しぶりの故郷は、彼にとって心地よい場所ではなくなっていた。

薩摩藩からは堺紡績所の営業仕事（紡績所掛）を任され、五代は大阪へ戻る。五代が名乗りを才助から改めたのは、この明治二年暮れから翌明治三年の六月の間である。故郷への決別もどこかにあったのかもしれない。もともと諱《いみな》は友厚だったのではないか、という推論もある。文献に残る「友厚」の署名は、この時期以降ということだ。

オランダ人医師アントニウス・F・ボードウィンの診察を、この時期大阪で小松帯刀は受けている。小松には幕末の頃「頭寒」「脚痛」、明治元年には「胸痛」「肺病」などさまざまな症状が出てくるので、何が決定的な病気だったのか分からない。ここでボードウィンの診察を受け、「左下腹部に腫瘍があり、切除は危険」と診断された（「桂久武あて小松手紙」）。ボードウィンは大坂医学校の指導者として、関西の日本人医師育成に努めていた。

小松は京都に琴子（琴仙子、三木姓か）という妾（側妻）がおり、薩長同盟が結ばれた京の屋敷（近衛家別邸敷地にあった）を有していたが、九月に引き払い、大阪の薩摩堀（大阪市西区立売堀）の借宅で養生していた。琴子との間には、息子・安千代と娘・須美（寿美）の二人の子がいた。一方で鹿児島の本妻、近《ちか》（千賀）との間には子ができたが幼くして亡くしたため、妾腹の子が生まれる以前に町田家から申四郎（薩摩藩留学生の一人、小松右近と名乗る）を養子に迎えていた。

小松の記した大久保宛ての手紙には、「ボードウィンも（治療は）余程六《む》つか敷《し》く申し」、養生してもよくならねば欧州に同行して名医の診察を受けさせたいと、転地療養を勧めたことを伝えている。心配した大久保は、明治三年（１８７０年）一月、大阪を訪ねて小松を見舞った。一度は快方に向かったこともあったが、ボードウィンにもお手上げの状態になり、ほぼ病床暮らしになっていったようだ。肺結核の疑いもあった。五代宛ての小松の書簡に「少々の運動にて、胸痛相発す」とある。

五月は木戸孝允が見舞いに来ている。相次いで、明治天皇から見舞い品が大阪府知事を通じて届けられた。兵庫県権知事の税所篤（薩摩藩士）は手紙に、「妻君（近のこと）此節上阪、阿琴（お琴の意）との一和も相出来候に付、此上無き大慶」と記している。近が琴子と面会し、子どものことや家の今後を話し合ったことがうかがえる。

七月十八日（8月14日）、小松帯刀は大阪（大宝寺町か）で息を引き取る。三十六歳という若さであった。五代をはじめ関西にあった薩摩藩出身者はもとより、多くの外国公使館・領事館の関係者、政府要人らが悲しみに打ちひしがれた。小松は幕末、薩摩を代表する人物でありながら敵対する幕府方にも、その広い見識や爽やかな人柄を愛された人物であったからだ。坂本龍馬が描いた新政府構想で小松を筆頭に置いていたというくらいで、交渉術に長け、それでいて周りから尊敬を集める人望も備えていた。

小松の死は、正式には七月二十日として届けられた。同年生まれの五代にとって、心痛はいかばかりだっただろうか。小松の依頼で取り掛かった「二十一史」出版事業も、その死に間に合わず、ついには頓挫してしまった。

葬儀は翌二十一日、大阪天王寺村の夕日岡（天王寺区夕陽丘町）で盛大に行われた。

神式の葬儀で主宰は重野安繹《やすつぐ》（歴史学者、のち東京帝国大学教授）が務めた。大阪湾を一望する夕日岡に、その亡骸は葬られた。

小松家相続では難しいことがいろいろとあったが、詳述する紙幅はない。とにかく小松帯刀との約束を果たし、五代が琴子と娘・須美を大阪の五代邸に引き取って面倒をみることになった。一方、正妻・近は、琴子の息子・安千代（当時五歳）を鹿児島に引き取ることを決め、相続を果たした養子右近（町田申四郎）とともに帰って行った。

五代宛ての吉井友実（薩摩藩士、大蔵少輔）の書状には「（安千代の件）万々御配慮掛け奉り、深々御礼申し上げ候。（中略）おすみ、こと儀、万端、貴公（五代）御引受け下され候段、何共御礼申し上げ様之無《これなく》」とある。五代は琴子母娘の住まう家を邸宅の敷地（梶木町か）に用意した。

これより先、大阪で五代は菅野豊子（外交官・森山茂の妹、養妹か）と再婚しており、梶木町にあった商家屋敷を五代の名で手に入れていた。小松の遺族のために大阪府庁へ提出した口上書には「鹿児島県士族　五代友厚」と自署してある。

小松帯刀の死は五代友厚にとって、大きな節目ではなかったと思われる。自身が武士の社会、薩摩藩といったものと決別する、そういった心的作用の大きな契機となったことが、彼のその後の行動や発言、文書などにも顕現していると言えよう。

小松の死の前後で、上京した五代に、大隈重信や西郷従道、川村純義らが相次いで「新政府への復職」を依頼したり、相談したりする。大隈は会計官の、すなわち財務分野での五代の復帰を願っており、他方西郷と川村は外交分野での「帯刀の抜けた穴を埋める人材として五代しかいない」と口説くが、五代は両方ともきっぱりと断っている。

ミニコラム　**帯刀の墓**

小松帯刀は大阪で亡くなり、夕日岡に葬られたが、その墓は現存していない。その後明治九年（1876年）、遺骨は小松家領地吉利郷《よしとし》（現在の日置市日吉町吉利）の園林寺《おんりん》跡、小松家墓所に改装されたのである（薩摩では廃仏毀釈《きしゃく》が激しく、小松家の菩提寺園林寺も廃寺となっていた）。

また小松家を継いだ小松右近（清緝《きよつぐ》）は、明治五年に町田家に戻り、名を町田棟《むなき》と改めた。家督を小松の遺子、安千代改め清直に譲るためであった。一方、今橋五丁目（現在の大阪市中央区今橋）に住んでいた琴子は明治七年八月、二十六歳の若さで亡くなっている。琴子については京都祇園の名妓（勤王芸者）で芸事はもちろん和歌にも通じていた。幕末、小松に見染められ京都の小松邸で暮らしていたが、のち大阪に移って小松の看病をしたようである。琴子は生前の希望がいれられて、最初夕日岡の帯刀の墓の傍らに葬られ、そして帯刀墓が改装された際には小松家墓所の隅に墓石が建てられた。

残された須美について、正妻・近は五代に「引き取りたい」と書状を出した。これまで面倒を看てくれたお礼を述べたうえで、「先に上阪した者に、すみを連れ帰るよう依頼させるつもりだったが、（五代が）留守で果たせなかった。清直は（鹿児島に）蒸気船が入港する度に、妹が戻ったかと思って浜まで出迎えに出るありさま」とつづっている。五代は須美を、近の言うとおりに鹿児島の小松家に「返し」、鹿児島に送り届けたという。

今も、日置・吉利の小松家墓所には小松帯刀と近の墓が並んで建ち、そのすぐ側に琴子の墓がひっそりと並んでいる。

14　堂島米会所の復活

明治三年（1870年）夏、小松帯刀を失った悲しみをまぎらそうとするかのごとく、五代友厚は大阪でありとあらゆる事業に着手し始める。

それ以前に事業を行っていた、金銀分析所は運営が順調に軌道に乗りつつあった。前述したように幕末は「悪貨が良貨を駆逐する」の言葉通り、幕府や各藩が鋳造した質の悪い貨幣が数多く流通していた。種類も大判、小判、二分、一分、一朱（以上は金）と丁銀、一分銀（以上銀）、さらに百文銭、一文銭（銅）等々。金銀分析所はこういった金・銀・銅貨を買い集め、地金にしていった。翌四年の造幣寮完成・稼働をひかえ、「円」に統一される新貨幣の金銀貨素材として必要となることを見越した五代の事業は「半民半官」の様相があった。

金銀の買い入れに当るようになったのは明治四年、これと前後し造幣寮舎密《せいみ》家（舎密はケミストリー＝化学の意）久世喜弘《よしひろ》の子息、久世義之助を金銀分析所に引き抜いた。精製分析の専門知識をもった技術者である久世は、造幣寮との窓口になるばかりでなく、その後、五代の鉱山経営拡大に右腕となって働くことになる。

造幣寮の開業式は明治四年（1871年）二月に行われた。勅使三条実美（右大臣）

以下、参議となった大隈重信、大蔵卿伊達宗城ら政府高官や英国公使らが多数参列した。五代も来賓で出席したが、本来なら彼こそが大隈の席か、その次あたりに並んでいてもおかしくはなかった。大阪城から祝砲が打たれ、市内の家々には紅提灯がつるされ、その夜は花火も上がったという。

五代が横浜転勤を命ぜられた際、官界のみならず、出入りの大阪商人たちが慰留嘆願に名を連ねたことに触れた。五代が大阪府判事として、また同時に外国事務局判事（ならびに運上所長＝税関署長）として、幅広く行政にタッチしていたとはいえ、それほど多くの商人に接し、人望を得る機会があったのかと疑わしく思われるかもしれない。

それも当時の貨幣問題が大きく影響している。維新直後、西洋式の銀行はまだなく、外貨と日本の通貨（二分金や一分銀の流通が多かった）との交換、両替は当然、市中の両替商がしなければならず、外国商人とのトラブルは絶えなかった。五代が、無理難題を押し付ける外国商人に厳しく、大阪の両替商たちの権益保護に努めたことは紹介した。

当時の両替商たちは、大半は江戸期の蔵元（蔵屋敷出入りの米商人。商品の売買を代行し、蔵物の出納を行った商人のこと）や札差《ふださし》（米の仲介業者、運送なども担った）が業態を広げた者で占められている。「天下の台所」と呼ばれた大阪において、西国諸藩はもとより、北廻り船で運ばれた北陸・東北の諸藩の米も集中、取り引きされた。江戸時代の基幹産業は農業であり、言うまでもなく税収は米で、すなわち日本経済はイコール米市場が中心だった。大阪は年貢米の売買、それを担保とした金融（「大名貸《がし》」）が高度に発展しており、「米切手」（代金を払ったことの証明、これを持ってきたものに米を渡すための受領証）の流通・売買によって、先物取引（帳合米取引）も行われるようになった。当初はひと月程度の期限であったものが、長いものでは半年、一年後となっていった。換金や第三者への支払いにあてる事も可能であり、いわゆる為替（手形）の役目も持つようになった。

堂島米会所の跡に建つ碑。土佐堀川に面した淀屋のあった場所で、米市場が開かれた

　ところが幕末、財政難に陥った幕府や諸藩が極端な投機に走り、米がないにもかかわらず、空手形を乱発したために米価は高騰して市場は混乱し、大阪の米会所はその機能を喪失してしまった。維新の動乱で各藩の蔵屋敷も多くはなくなり、没収されるなどし、米の流通形態も崩壊。結果、明治二年（１８６９年）二月

に新政府は米会所の閉鎖を決定した。
しかし、これは米市場を中心とした金融制度で成り立っていた大阪、ことに大阪商人（両替商）らにとっては死活問題だった。

五代に信頼を寄せ、慰留嘆願に名を連ねていた両替商は、ほぼこの時代の大阪を代表する豪商たちである。大阪の鴻池は典型的な江戸期の両替商であるが、十代善右衛門（鴻池当主が代々引き継ぐ名）・鴻池幸富がいたことは前述の通りだ。鴻池はもちろん大名貸もしており、幕末期には浪士組（新選組になる前）の芹沢鴨から五百両もの供出金を脅迫されたことで有名。それから「加島屋」広岡久右衛門（八代目・正饒《まさあつ》）も元は米問屋であり、長州藩に「大名貸」していたことも知られている。いずれにせよ、こういった大阪の豪商と言われる人々は「米市場」に密接な関わりのあるのが大半で、こぞって困り果てていた。

英国に学び貨幣制度改革や金融の近代化に関心を持つ五代は、両替商らとの付き合いの中で日本の米市場の伝統と機能性を理解する、と同時に商業近代化の課題も悟った。商人たちに慰留署名を集められるほどに頼りにされた五代は、新政府のやり方の不備を認識、「米市場の健全運営化」を求めるに至る。米問屋・磯野小右衛門《こえもん》（のち大阪商法会議所で設立発起人の一員）を中心に、大阪の豪商らが団結し再興運動を起こした結果、明治四年（１８７１年）四月、「堂島米会所」は復活する。約二年ぶりの米市場の運営再開だった。

ようやく米の流通再開ができたが、しかし、このわずか三カ月後に日本を揺るがす制度の大変革が起こる。

七月十四日（8月29日）、政府によって廃藩置県が命ぜられた。これで諸藩の蔵屋敷は接収され、これで米の集散地としての役目は失われた。続いて藩債処分（明治六年）が行われ、旧藩債務の大幅切捨てが断行される。多額の債務を焦げ付かせた蔵元（米商）・掛屋（両替商）が次々と破産し、大阪は大混乱に陥ってしまった。続く地租改正によって、農民が直接政府に対して納税（金納）を行うようになり、農民が米をその地方各々で売却・換金するようになり、「農民から藩、藩から蔵屋敷」というそれまで江戸期に長く続いた流通構図は崩壊。これによって、大阪の米市場は機能をなさなくなった。

のちの話ではあるが、この時のことを五代は「歴史ある商都・大阪は、まさに瓦解の危機に直面した」と表現している（「大阪商法会議所」設立挨拶）。さらに明治五年（１８７２年）、江戸期に商人同士が結成した「株仲間」が解散を命じられた。いわゆる同業組合のようなもので、幕府の統制がない商業分野では株仲間があることによって、カルテル（価格競争をなくし、生産数量や販売地域を都合し合う協定など結び、市場競争を排除する）を形成、市場原理は働かなくなるが商業モラル維持には役立った。株仲間の廃止で大阪の商業統制は混乱してしまった。商業上の義理や信用が損なわれ、商業衰退を招いてしまう。

堂島米会所の機能回復は、これからしばらく年月がかかる。

ちなみに「堂島米会所」として復活した後、明治六年（１８７３年）に油取引を加えて「堂島米油会所」となる。そして明治九年、五代友厚が中心となって、保証有限会社「堂島米商会所」が設立された。江戸時代から堂島の堀川端の道路を寄り場にしていたが、立会所を新築し、浜側に市場、帳場を設けた。近代資本主義下の市場にふさわしいものに整備が進められた。のち明治二十六年（１８９３年）には「大阪堂島米穀取引所」へと発展する。

廃藩置県直後の九月、五代は大阪府・靭《うつぼ》（大阪市西区靭本町）に邸宅を建て、転居した。

ミニコラム　**惣難獣《そうなんじゅう》**

頭に剣をはやし、天狗鼻に長い舌、長い手、後ろ足は馬のようで背中に羽根の生えた奇怪な動物の絵。五代の描いた「惣難獣戯画　文　時勢諷刺」というものが残されている（大阪商工会議所蔵）。先に書いたように、鹿児島での評判の悪さを知り、誤解と偏見交じりの視線を感じる五代、その心境がよく分かる貴重な史料である。文章を抜粋して書いてみると以下のようになる。

「干時明治元戊辰春の頃、諸国の山奥より異形の獣《けだもの》生じ、爰彼処《ここかしこ》に集屯して、萬民を悩す事甚《はなはだ》しく、依て退散の事を神に祈念仕給え」

「此獣都会之地最も多し。西国も少からず集り、駿遠の辺は此愁《うれい》曽《かつ》て無し。その獣は図の如く頭に権を戴き、惣髪《そうはつ》亦《また》は刺栗《いがぐり》に似たるも有り。一体、頭勝にして顔の皮しかも厚く、眼色猫にかわらず（中略）口広くして舌長く、或る時は二枚にも遣い、悪毒を吐き、人害を成し、歯の根馳《ゆる》く、噛めること能《あたわ》ず、故に物事味うこと能ず。（中略）敵する者は忽《たちま》ち災を招く。（中略）金銭を掴むこと鷲、熊、鷹の如し。（中略）背に翼を生じて今ここに有るかと見れば、翌日は東京、長崎に住《すまい》す。もっとも正道を弁《わきまえ》ず、唯横行するのみにして、常に大鹿食《ばかぐい》し、人を頭より呑みこみ、或は噛付《かじ》ること誠に強し」

「兎角頭の剣を以て人の頭を抑え悩すこと少からず、これを邪権ともうす。此上なき古今未曽有《みぞう》成る異形の獣にして、此獣生れて後去界に愁事絶えず、実に惣難獣なり。正しく釈魔の変現なるか、嗚呼悲しむべし。終に魔界に陥るなり。誰か早く退治し給うことを謹んで祈る」

官界に別れを告げた五代が、郷里の鹿児島に帰って自身への悪評と無理解に苦悩する様が見て取れる。日本の将来のために志を高く掲げ、「コンメンシアール（商業）とインヂストレード（製造業）で、大阪を日本の経済の中心にしよう」と決意した五代にしてみても、このような苦悩があったことを垣間見ることができる。五代の「人間くささ」とでも言うべきか。憂鬱な気持ちを表現しながらも、どこか機智に富み、その文才のほども伝わってくる。

一方で、この「惣難獣」は人間社会において、時代を超えた普遍的な存在にも思えてくる。人の業のようなもの、その愚かさを五代は「惣難獣」として描いたのであろう。もしかして「明治の世」ばかりではなく、現代にも巣食う「魔物」なのかもしれない。

五代は書画をよく嗜《たしな》んだ。特に竹の絵など水墨画は大変上手で、掛け軸なども残る。「惣難獣」の絵も奇妙な怪獣の絵ではあるが、味があって、これらの背景を知って眺めると面白い。

15　鉱山経営

かつて五代が薩摩藩主あてに書いた建策の中には、「欧羅巴《ヨーロッパ》より土質学の達人を相雇い御領国中普《あまね》く採検せしめる事」とあったし、モンブラン伯との薩摩ベルギー商社の事業の中にも、鉱山開発が盛り込まれていた。彼が日本の富国、殖産振興策の一つとして「鉱山開発」に重きを置いていたことは、まぎれもない。金銀分析所を軌道に乗せた五代は、いよいよ民間企業として自ら鉱山経営に乗り出す。

手始めに、明治三年（１８７０年）五月、近畿地方の大和・天和《てんな》銅山（奈良）に着手、鉱脈の探索をさせた。金銀分析所の技術者として引き抜いた久世義之助らが実務を担い、その後、赤倉銅山（新潟）、栃尾銅山（新潟）、駒帰村辰砂鉱（奈良）と次々と開坑していった。

江戸時代における、鎚《つち》と鑿《のみ》だけを頼りにした手掘りの古い鉱山技術で掘り尽し、行き詰まった鉱山を、西洋の地質学を使った探鉱方法と蒸気機関や爆薬を用いた新技術で蘇らせよう――、要約すればそれが五代の方法論である。

例えば、明治六年に採掘権を得た蓬谷《よもぎたに》銀山（滋賀）。ここで五代友厚は「代金一万両」で、採掘権や鉱山施設いっさいを葛城屋《かつらぎや》安蔵から買い取った。そして、現地責任者として杉村次郎を蓬谷鉱山に送り込んだ。彦根藩士族であった杉村は、維新前後に上京、慶應義塾に学んで鉱物研究を志した。五代から代理人を任されたとき、杉村はまだ二十一歳であったという。さっそく滋賀県令あてに火薬使用許可を取ったり、動力源のための大水車を建設したりしたようである。特筆すべきは、杉村が「懲役人拝借願」を滋賀県あてに出していることである。蓬田銀山では抗夫として受刑者を労働させて、低賃金で銀を産出したようである。

前後して、政府も明治四年（１８７１年）九月には工部省鉱山寮を設置、鉱山行政に当たることにした。国策として鉱業を重視し、フランス人技師コワニエらを招聘、主要鉱山は政府直轄とする方針を取ったのである。

ジャン・フランシスク・コワニエは幕末の慶応三年（１８６７年）、モンブラン伯の紹介で南九州（薩摩・大隅・日向）の鉱山探索に招かれたのがきっかけとなり、維新後は政府の「お雇い外国人」として契約。生野《いくの》銀山（兵庫）など閉山寸前の鉱山を生まれ変わらせ、日本の鉱山の近代化に尽くした「恩人」として知られている。

ちなみに政府から生野に派遣された責任者（所長）は、朝倉盛明《もりあき》であった。薩摩藩留学生として五代とともに渡欧し、のち大陸に渡ってフランス語を学んだ田中静洲、その人である。「朝倉」という名は田中が薩摩から密航した際の変名で、維新後、彼はそれを名乗り続けた。明治元年、生野鉱山の調査に入ったコワニエの通訳を務めたことをきっかけに、彼から最新の鉱山経営を学んだ朝倉は、蒸気機関によるエレベーターや輸送用の馬車道を整備するなどした。生野には橋も整備され、鉱山局長を務めた朝倉の名にちなんで「盛明橋《せいめい》」と呼ばれた（兵庫県朝来市。現在の橋は架け替えられたものだが、名前はそのまま残る）。コワニエをはじめ複数の仏人技師指導のもと金銀の分離技術など高め、生野（神子畑《みこばた》、明延《あけのべ》など含め三鉱床も）の産出量は次第に増加。その後、皇室財産（御料）を経て、三菱合資会社に払い下げられた生野銀山は昭和四十八（１９７３年）年の閉山まで存続した。

生野銀山近くの神子畑、明延の鉱脈は、明治政府の調査で明治十一年（１８７８年）再発見されたとされていたが、近年の郷土史研究家の調査によって、五代友厚がすでに明治六年ごろ探鉱指示した史料が見つかったという。いずれにせよ、コワニエといい、朝倉といい、五代と縁の深い人物たちが明治「産業革命」、鉱業近代化の中心になっていたのだ。五代の描いた近代化の夢が、いかに日本に花開いていったかが分かる。

話を戻すと、当初五代は「松友社《まつともしゃ》」という名義で鉱山経営を行っていたが、明治六年

（1873年）、鉱山経営の規模拡大を図るため波江野休衛（休右衛門）、堀孝之、岩瀬公圃、永見米吉郎（長崎の豪商の出、父伝三郎は第十八国立銀行初代頭取）、久世義之助らとはかり、大阪に弘成館《こうせいかん》を創設した。これは全国の鉱山の探鉱や経営管理など行う事業所で、のちに「日本一の鉱山王」五代を生み出す鉱業・金属企業となる。本館の扁額は西郷隆盛の揮毫《きごう》で「誠心貫鉄石」。誠の心は鉄をも通すという意で、五代の思いも凝縮されていた。

弘成館の組織は事務部門である「内部」と現業部門である「外部」とに分かれ、内部には総事、正検、出収、調進の四課が、また外部には出収、坑鏞、鉱石、溶解、機械、営繕、調進の七課が置かれた。そして内部は総事（支配人）、外部は鉱長（鉱山長）がその指揮に当たった。会社組織として細則も整備され、日本初の近代的な鉱工業企業と言うべきだろう。

翌明治七年には半田銀山（福島）を経営することになったため、新たに東京・築地入船町に出張所を設け、これを東弘成館、大阪の方を西弘成館と呼ぶようになった。西館は波江野と堀が、東館は岩瀬がそれぞれ主任理事として取り仕切った。館中役員（従業員）が一時西館だけでも二百人を数え、抗夫その他の現業員は数万にも及んだといわれる。

佐渡金山、生田銀山と共に「日本三大鉱山」と並び称された半田銀山。古くは伊達氏、次いで上杉氏が開発し、江戸時代には幕府直轄の奉行所を置いて銀を産出していた。ところが、幕末には掘り尽し、廃業（元治年間という）状態にあった。その後は、北半田村の庄屋（名主）を務めていた早田伝之助（先代、明治三年に亡くなっている）が細々と抗を守り、銀鉱を掘っていた。

五代はここに目を付け、明治七年六月、半田銀山開発のための現地事務所を置いた。代理人に早田伝之助（後代、当主を継いだためこの名。弘道か）を任命した福島県への届け出書が残っている。その後、早田と年五十円の報酬で契約、明治九年七月には銀鉱脈の再発見がなり、早田に「総代理」を委任した記録も残る。

ちなみに明治六年（１８７３年）一月一日、暦が西暦（太陽暦）に改められ、これ以降、和暦の月日と西暦の月日が一致する。蛇足だが、改暦のため前年の明治五年十二月は二日間しかなかった。十二月三日が翌明治六年元旦となったのである。

岩倉使節団の約二年の長期にわたる欧米視察に参加していた大久保利通が、本隊より一足早く、明治六年六月に帰国するが、この際に大久保は驚いている。同じ薩摩出身の松方正義（のち大蔵相、首相）から五代宛ての書状に、大久保の言葉を残している。大久保ら政府高官の留守中に、五代が弘成館を設立し、近代的な組織を整備して鉱山開発事業を起こしたことを聞いた大久保は「大に喜悦の事と被申《もうされ》、終に貴兄（五代のこと）目的通りヤリツケ可相成《あいなるべし》」と語った。そう松方が記している。

欧米との条約改正と視察を目的として、岩倉具視を特命全権大使に木戸孝允、伊藤博文、大久保らが参加した「岩倉使節団」は明治四年十一月に横浜を出発した。米国留学生らも同行し、日本初の女子留学生（山川捨松《すてまつ》や津田梅子ら五人）も含まれている。福地源一郎が通訳に名を連ね、由利公正や村田新八らも同行した。米ワシントンでこの使節団受け入れ準備に汗をかいたのは、若き駐米代理公使であった森有礼である。

大久保は地球を一周するような視察の旅から帰国し、欧米の産業の実態に触れて日本の「殖産興業の必要性」を痛感していた。留守中に五代が目覚ましく民業において発展を企っていたのを知ると、同郷のよしみや友情ばかりではなく、日本という国家のために喜んだといえるだろう。「ついにやりとげたな」という感慨が素直に出ている。

五代の事業に驚いた大久保だが、それ以上に驚かされたこともあった。

岩倉使節団が日本を留守中に、国内で大きな問題となったのは「征韓論」だ。韓国に国交回復を求めたが、鎖国状態（厳密には、清との冊封制度は維持した）で、日本の近代化・西洋化を理解しなかった朝鮮政府はこれを拒否。武力によって開国を迫るという議論が起こった。国交問題ではこまかな意思疎通の齟齬《そご》もあって、日本人の安全を守るという問題も出てきた。西郷を中心としたいわゆる「留守政府」（板垣退助・江藤新平・後藤象二郎・副島種臣ら）は「岩倉使節団外遊中に外交問題を取り扱わぬ」との約束があったにも関わらず、これを反故にし、西郷は自身が特命大使として韓国に行くことを決めてしまっていたのである。

この問題が拡大されるきっかけとなったのが、明治三年から四年の修交交渉のための韓国派遣で、その派遣外交官の一人が森山茂であった。五代の正妻豊子の兄（義兄か）にあたる。西郷は「遣韓論」で、あくまで平和裡な国交回復が目標であり、武力を用いて侵略するなど考えていなかった。

結果として「西郷遣韓」は帰国した大久保や木戸孝允、岩倉具視らの反対により却下され、これによって「征韓論」は敗れた。西郷や板垣らは一斉に政府に辞表を提出した。これが「明治六年の政変」（征韓論政変）と呼ばれる。これまで長年、手を携えて討幕維新を遂げ、新国家建設に協力してきた西郷と大久保に、深い亀裂が入った事件であった。

さて、五代が手に入れたころ（明治七年）の福島・半田銀山は古くからの坑道が次々と陥没埋没し、当初は苦難の連続だった。二十二万円の支出（明治十二年まで）をしながら、銀産出がわずか四万円程度にしかならなかったという。しかし、コワニエらも探鉱に協力し、明治十三年に良質の銀鉱脈を掘り当てた。五代は精錬施設も充実させ、銀鉱山としては当時の日本最大の産出量にまで発展させる。明治十七年（１８８４年）には年間産出価格で三十三万円に達した。おおざっぱな計算で現在の貨幣価値にすると、「一円＝一万円」としても三十三億ということになる。

この当時の日本の銀山としては、産出額一位である。後年の住友や三井、三菱、古河などの鉱山経営は、五代の半田銀山を手本とした。

古河財閥の創始者として知られる古河市兵衛は「豆腐売りから一代で足尾銅山の主」になったことで知られる。その創業にも五代は一役果たしている。鴻池の手代であった古河は、維新後は小野組で働いていたが、小野組が経営難（明治七年）に陥って独立した。官営であった院内銀山（秋田、一時小野組が鉱山経営）と阿仁《あに》鉱山（秋田）の払い下げ、開鑿《かいさく》を古河は願い出るが、先に工部省には五代の届けが出されていた。東弘成館に経営が移ろうとしていたことを知った古河は、五代に面会を求めたという。

自己の利益のみを追い求める資本主義の理念で言えば、ここで古河に権利を譲ることはない。しかし、五代は民業による鉱山開発を推奨し、「一個人が地下資源を独占すべきものではない」と考え、この権利を古河に譲ったのである。それだけでなく進んで援助し、鉱業人の養成に協力を申し出たという。ちなみにではあるが、その後古河は、足尾銅山で大鉱脈を発見（明治十四年）して大発展を遂げ、さらには日本初の公害「足尾鉱毒事件」（明治二十四年＝１８９１年）を引き起こすことにもなる。

五代友厚は先にあげた諸鉱山のほかにも、和気銅山（岡山）、大久保銅山（奈良）、神崎鉱山（大分）、鹿籠《かご》金山（鹿児島）、新慶銅山（岡山）、大立銀山（兵庫）、水沢鉱山（三重）、豊石銅山（島根）、羽島金山（鹿児島）などの開鉱を手掛けていった。まさに「明治の鉱山王」と呼ぶにふさわしい実業家となったのである。

福島県桑折町の半田銀山に残る「女郎橋」の土台石組み。近くに明治天皇行幸記念碑や五代神社もある

ミニコラム　**半田銀山**

電気回線に使われる「はんだづけ」のはんだは、錫と鉛の合金で熱にとけやすく、接着に使われる。一説に、この「はんだ」は半田銀山に由来すると言われる。当て

字にも「半田」が使われている（盤陀の当て字もある）。半田銀山からは、銀産出の際に不純物として鉛も出ていたので、鉛の化合物に半田の呼び名がつけられる可能性はあるのかもしれない。諸説あるので参考までに。

さて、閉山状態にあった半田銀山を再び国内一の生産量に復活させたことは特筆すべき話だが、五代の功績としてあまり知られていない一面もある。

五代は半田銀山の経営に携わると、鉱山の道路や施設整備に着手。熊本から石工を招いて「亀甲《きっこう》積み」と呼ばれる石垣で、施設土台や水路（亀張水路）、橋脚などを造らせた。正六角形に石をきり、美しくきっちりと積まれた石垣が今も福島県桑折町の半田銀山跡一帯に残るという。なぜ熊本の石工かと言えば、鹿児島城下を流れる甲突川に架かっていた石橋（五石橋）は、肥後・熊本の石工岩永三五郎らが造ったことで知られていた。五代は故郷で「肥後の石工」の技術を認識し、鉱山開発に活用したのである。

明治九年（１８７６年）六月、東北巡幸の際に明治天皇が半田銀山に行幸、銀山の施設を見分された。この時の鉱山長は吉田市十郎だったという。吉田は薩英戦争直後、五代が関東に潜伏したとき、かくまってくれた武州熊谷の吉田家の養子であった。勤王家だった吉田に、「天皇行幸の案内」を務める大役で恩返ししたわけである。それより先、大久保も行幸の前準備に半田を訪問、鉱山を視察し、五代のプロジェクトを国内産業育成のモデルとしてとらえた。

五代は明治十八年（１８８５年）に亡くなるわけだが、半田銀山の最盛期は明治十五年から三、四年だった。すなわち五代にとっては最晩年に空前の成功を見たということになる。その成功は養子となった五代龍作のおかげだ。もとの名を久里《くのり》龍作という。五代が下野帰阪後、最初に手掛けた金銀分析所のために、大阪・今宮の土地を都合し、資金を工面してくれた「大恩人」両替商・久里正三郎の子（養子）であった。

龍作の出自は、紀州本宮の武士高須家の次男で、「紀伊国屋」の当主であった叔父・久里正三郎に乞われて養子縁組した（龍作の実母が正三郎の妹か姉か）。維新後、五代に出会い、優秀さを見込まれた龍作は国費留学生として英国に学び、帰国後は東京大学で工学の教授を務めていた。のち、鉱山経営を引き継ぎ、友厚の長女・武子の婿となり五代龍作として半田銀山に繁栄をもたらした。

16　住友と三井の近代化

五代友厚は関西においても鉱山経営に情熱を注いだが、決して利己的な経営者ではなかったことはここまで、古河との逸話にも端的に表れているだろう。行政官としてもそうだったが、五代が何よりもポリシーとしていたのは「日本の殖産興業」であり、産業全体の近代化であった。

幕末、幕府からも御用金として豪商への無心や借用があったことは説明したが、それは討幕派の薩摩や長州など有力諸藩からも同時に行われた。有名なところでは、京都の三井家（油小路）に慶応三年（１８６７年）に小松帯刀と西郷隆盛が訪ねた話がある。建前では、三井家が所有する書画の鑑賞のために訪問したことになっているが、実は倒幕のための資金調達の密談であったとされる。御用金徴取の証文が残っており、京の三井は千両を献納した。大阪の豪商には薩摩藩御用達もあり、五代らも御用金徴取に訪ねたようである。

大阪の「泉屋」住友家は幕府御用達の銅商（銅山経営、精錬業）であり、「南蛮吹き」と呼ばれた粗銅から銀を分離する精錬法を秘伝として家業を繁栄させていた。ところが幕末、銅山経営は不振に陥っており、十二代目住友吉左衛門（友親《ともちか》）は苦境にあった。

別子銅山の採掘坑遺構（愛媛県新居浜市）

そこに登場するのが広瀬宰平である。五代慰留嘆願に名を連ねていたことは紹介したが、広瀬もまた五代を語る上で欠かせない人物の一人である。

住友の「泉屋」は本来、銅商であるが、両替商も営んでおり、また反物や薬、砂糖なども商うようになっていた。幕末の混乱期に遭って、「大阪に並ぶものなし」と言われた住友家は、維新を機に「銅から手を引こう」という方針に傾いていた。反物などの販売で家業を成り立たせようとしたのだ。また、新政府軍が住友本店の吹所（精錬所）に封印、銅蔵の製品を没収してしまう事件も起こる。

何より苦境の原因は、別子銅山（愛媛）であった。住友家が経営する最大の鉱山である別子は、江戸期に銅鉱脈を掘り尽し、慶応年間には多くの坑夫や精錬職人らにかかる費用がかさみ、赤字続きだった。この別子銅山の総支配人が広瀬宰平である。広瀬は維新直後（慶応四年）、接収に来た新政府方・土佐藩の川田小一郎（のちの日銀総裁）を隊長とする一隊と交渉し、これを話し合いで退けた。

さらに大阪の住友本店で大番頭らが「別子銅山売却」を進める中、広瀬は一人反対し、当主友親に対して「住友の本業であり、これこそが柱」と説いた。目先の保身を大事にすることよりも、大きな事業を信念とともに取り組むことが必要だと納得させる。

明治元年、広瀬は新政府に鉱山司ができると、五代の紹介で官営の生野銀山の視察に出掛けている。生野でお雇い外国人技師・コワニエと出会い、黒色火薬を用いた近代的採鉱法を教わる。そこで広瀬は、別子銅山の再生のため西洋技術の導入を図っていく。部下をフランスへ留学させ、仏人技師ラロックを招いて近代化策を立てさせた。坑道の直線化や排水抗の計画、さらに鉱石運搬のための機械導入、西洋式の精錬などである。

のち、西南戦争のあった明治十年（1877年）に、住友総家の友親から「総理代人」（総理事）の役職が、広瀬に任じられる。これは住友の事業の経営全権を任されたということで、以来住友家は「所有と経営の分離」がなされた（住友家の家政断行）。英国王室の「君臨すれども統治せず」と同じことで、住友家は経営の現場を離れ、事業経営の全権を総理代人の広瀬に委譲することとなった。

明治十三年（1880年）、五代友厚は英国から伸銅機械を購入、翌十四年に広瀬宰平や鴻池、三井とはかり、大阪青銅会社を設立する。五代は日本の主要輸出品として銅板を考え、鉱山から精錬、伸銅までも一貫した事業体にしようとしていた。電信事業など銅の需要が増大することを予想し、日本の製銅業の礎となったのである。初代の社長には広瀬が就任したが、高齢のため操業前に交代し、五代に近い「大阪新報」社長の本荘《ほんじょう》一行（久留米藩出身、一時弘成館の社員。日本の女性記者の草分け・本荘幽蘭の父）が二代目となった。大阪青銅（のち製銅）は二十年足らずで営業を止めるが、のち住友伸銅、さらに住友金属と引き継がれた。ちなみに大阪青銅の筆頭株主は三井元之助（三井伊皿子家、高寛のこと。しかし高寛は明治元年生まれなので、父高生の名義代かもしれない）となっていた。

住友における広瀬宰平の役割を、三井で果たしたのは三野村利左衛門であった。幕末、幕府勘定方の小栗忠順《ただまさ》（上野介）に目を掛けられていた三野村は、幕府と三井組の間を取り持つ「通勤支配」（取締役）という役目を担っていた。だが、小栗が失脚する（慶応四年）と徳川の命運を察した三野村は、新政府への資金援助を京・三井本家に働きかけ、動乱を乗り切ることに成功した。

明治四年、五代は英国の「バンク」を参考に小野組と銀行設立の願いを政府に出していたが不許可となった。同時期に大蔵大丞の渋沢栄一（元幕臣）の音頭で三井組が銀行を計画していたのである。五代は渋沢の上司である大蔵卿井上馨に談判し、三井高喜や三野村と小野組の古河市兵衛ら幹部会談を開かせた。この結果、明治五年（1872年）、三井小野組合銀行が設立された。

小野組は江戸期の豪商「井筒屋」がもとで、元来は糸問屋だったが両替商も行い、京都・江戸・盛岡を中心に全国に二十八の支店を持っていた。小野組はこの時点で三井組のライバルであったが、先にもふれたとおり明治七年、金融政策の変更で為替担保引き上げが義務付けられると、急激に経営が悪化。三年後には金融事業から撤退した。

三井小野組合銀行は改編され、第一国立銀行となった。明治六年、初代の頭取には大蔵省を辞めた渋沢が就任し、国立銀行条例による第一号の商業銀行となったのである。五代は設立当初からこの銀行の株主で、これが五代と渋沢の最初の協力事業であった。ちなみに「バンク」を「銀行」とする訳語は、渋沢の伝記によれば「洋行」の「行」の一字に「金」を加え、「金行」とする渋沢の提案に、三野村が「交換（取り扱い）には銀も含む」と答え、「銀行」となったという。すこし出来すぎの感もあるが、この二人の会話が「銀行」という訳語を生み出したようである。

「商社」構想も練っていた三野村は、井上馨が下野して益田孝（元幕府通詞、茶人としても知られる、鈍翁《どんおう》）と設立した商社「先収会社」を引き取り、三井物産会社（旧三井物産）を創設した。住友が関西にあって大阪の五代と深いつながりがあったのに比して、京都の三井は井上馨ら長州との関係が密である。長州ファイブの一人でもあり、殖産興業への熱意も高かった井上は、三井と組んでさまざまな事業を興し、後に三井財閥は井上を最高顧問にしたほどだ。有名な逸話だが、井上馨を揶揄《やゆ》して、西郷が「三井の番頭さん」（岩倉使節団の送別会）と呼んだくらいである。

また、これより先（明治五年）三井は越後屋呉服店を三井組から切り離した。これがのちに「三越百貨店」へと発展する。三野村は井上や大隈重信らとの関係も深め、明治九年に三井単独で「三井銀行」を創業させることに成功した。

ミニコラム　朝陽館と娘藍子

五代友厚は明治九年（1876年）、大阪に藍製造所「朝陽館」を開設した。染料用の藍（インディゴ）を生産し、製糸業と結び付け、外貨獲得を図ろうという狙いであった。

この藍の生産も以前、五代が薩摩藩の特産品生産の提言の中に挙げていたものの一つである。藍玉《あいだま》（藍染料）の国内の生産地は、主に阿波（徳島）、摂津（大阪・兵庫）、播磨（兵庫）など関西圏が占めていた。ところが明治維新でインド産の藍染料の輸入が急増したという。対抗上、国内産は粗造乱売されて品質低下が進んだ。

五代は欧州で開発された技術で、藍からインディゴ（精製された藍染料、インディゴチン）を製造して品質向上を図ろうと、自ら藍製造業に乗りだしたのである。五代らしく、ただ製造して利益を追求するだけでなく、藍の製造技術革新と布・糸の染めの方法、製品改善までも視野に入れた産業化を目指していた。

五代は徳島に出向き、藍の製造場も建設。関西の製糸・紡績業とのつながりも考慮して産業育成を図ったのである。関西では薩摩藩が建設した堺紡績所を皮切りに多くの衣料関連事業が起こされ、のちの話ではあるが「加島屋《かじま》」広岡信五郎（広岡浅子の夫）が社長となって尼崎紡績も設立された（明治三十二年＝1899年）。尼崎紡績はのちに大日本紡績と名前を変え、現在は合併によって「ユニチカ」として営業している。日本を代表する繊維メーカーの一つである。

堂島の地に従業員百五十人という規模で創業を開始した朝陽館（後に東京にも設けられ、弘成館と同様に「東朝陽館」「西朝陽館」と呼ばれることになる）には、大久保利通の扁額が掲げられていたという。「盡人事無不成」（人事を尽くして成らざるは無し）という揮毫だったのだが、その言葉とは裏腹に工場の火災などもあり、明治十一年（1878年）頃を最盛期に業績は下降、営業不振で明治十六年には閉鎖されてしまった。

ちなみに、五代の次女は藍子《あいこ》と名付けられた。ちょうど明治九年の朝陽館開設の年に生まれたため、「藍」への思いが込められた命名である。母は長女武子（明治四年生まれ）と同じく、側妻であった勝子。正妻豊子には子がなかったため、豊子は妾勝子の子らを家の子として可愛がったという。

1960年に刊行された「五代友厚秘史」には、生前の藍子に実際に会って話を聞いた山中園子の手記（〝生きている五代の血〟藍子女史）が収められているが、それによれば藍子は友厚の死後も結婚せず、龍作・武子夫妻を頼り半田銀山で暮らしていたという。その後、父友厚が明治期に採掘権を持っていた治田鉱山（三重）を1919年に買い戻し、五代アイの名で経営を始めた。自ら地下足袋、もんぺ姿で山に通い採掘努力を続けたが、思うような成果が得られないまま、しかし最期まで山を守って暮らした。八十六歳の時、父の墓参を二十年ぶりにしたという新聞記事も残されている。八十九歳の天寿を全うし亡くなった（1965年）。

17　大阪会議から西南戦争

　明治七年（１８７４年）四月、「征韓論」論争に続いて、政府内では台湾出兵が議論となり、木戸孝允も辞職し山口に帰った。先に明治六年政変で西郷や板垣退助、江藤新平ら薩摩、土佐、佐賀出身の政府幹部・官僚・軍人らが大挙下野し、政府にとって人材難の時期であった。井上馨も同年に尾去沢銅山を巡って競売問題があり、私物化を図った（尾去沢銅山事件）として辞職に追い込まれており、また大隈重信も辞意を示唆していたから、大久保と伊藤博文ら残された政府トップは頭を悩ませていた。

　五月、台湾出兵の問題で長崎に出張した大久保は、五代の大阪靭《うつぼ》の屋敷に立ち寄った。会談内容は当事者たちから明らかになっていないが、当時松尾寅之助（和歌山県出身か、官吏）から五代宛てに届いた手紙は、巷に流布されていた噂を物語る。

「御尊体（五代のこと）にも近日大蔵へ御任宣（任命）も御座候由、頻《しきり》に御噂御座候。（中略）過日も御いやの様に御咄《はなし》も御座候得共、何卒天下の為め御奉命被遊《こうむりあそばされ》候様《よう》奉祥上候。私共に於ても依って奉懇願《こいねがいたてまつり》候」

　大隈が辞任すれば、大蔵卿を任せられる人材は五代をおいて外にない。大久保は熱心に五代を口説いたようであるが、一方、五代は「御いやの様に」話していたことが伝わっているということだ。五代は大隈の慰留に努めるよう大久保へ話し、さらには東京へ出向いた折、わざわざ大隈に会いに行った。

大隈に五条からなる忠告文を渡してもいる。

「一、愚説愚論を聞くことを能く堪えるべし。一を聞いて十を知る、閣下賢明過ぐるの欠あり」で始まる忠告文だ。「愚かな議論だと思っても、ちゃんと最後まで聞いてあげなさい」ということ。そのほか「大きな声で怒鳴るのは、いくら徳があっても失ってしまう」「自分がその人を嫌えば、その相手もこちらを嫌う」など、大隈の欠点をよく突いた忠告文であった。

大隈は大変優秀な人物であり、識見も高かった。しかし、短気でこういう人物にありがちなことかもしれないが、自分と同じ能力・知識を前提として物を言い、事を進めるきらいがあったようである。部下にしてみれば、これはたまったものではあるまい。

大隈がこれを読んでどう言ったのか知りたいところだが、大隈は五代の忠告の手紙をしっかりと保存し、晩年まで実践しようと心掛けたという説もある。この時、大久保の慰留が効いたのか、五代の忠告が奏功したのか、大隈は辞意を翻意した。

しかし、時あたかも不平士族が各地で不穏な動きを見せ、また「自由民権運動」も広がりを見せていた。明治七年二月には江藤新平をリーダーとした「佐賀の乱」が起こり、ひと月足らずで政府軍が鎮圧したものの、政情不安は明らかだった。大久保と伊藤は、下野して大阪にいた井上馨と同じく在阪の五代友厚に相談し、木戸孝允と板垣退助の政府復帰と旧閣僚が連携することで、混迷する政局打開を図ろうとした。

参議の大久保は明治七年十二月末、有馬温泉へ湯治休暇と称して船で大阪に入り、五代の邸宅にやってきた。訪ねて来た吉井友実や税所篤（堺県知事）らと閑談し、碁に興じるなど数日はゆっくりと過ごした。明治八年（１８７５年）の正月を大久保は五代邸で迎え、大久保が四十五歳、五代は四十一歳となった。

年が明けて、木戸も来阪すると五代邸に大久保を訪ね、碁盤を囲んだ。また、伊藤は木戸の復帰入閣後に向けて、①立法府として元老院を設置し、国会設立の準備に入ることと②裁判制度の充実、大審院設置③地方議会の設置④内閣と各省の分離―などの提案を準備し、木戸と大久保の了承を得た。

自由民権運動を主導し、民選議院設立を訴えていた板垣（急進論）と、将来的な課題としていた木戸（漸進論）との対立を、うまく収めるための「玉虫色」解決策ではあったが、これは調整型の伊藤の得意とするところでもあった。伊藤の仲介で、木戸と井上に会った板垣は譲歩せざるを得なかった。

石町の三橋楼（現存しない）や北浜の加賀伊で正式な会談が行われ、板垣と木戸の参議復帰が決まった。しかし、その調整や相談はおおむね五代邸で行われた。五代は大久保のためには労を惜しまなかったことをうかがわせる手紙も残る。大久保から五代に宛て「松陰（友厚の号）君へは近々勅丈（勅状）にても御差立御模様に候間為御心得申上置候」とある。五代が単なるお膳立てだけでなく、会議の内容に相当立ち入ってキーパーソンとしての役割を果たしたことが分かる。そうでなければ「勅状を差し上げ」感謝するということは考えられない。大久保・木戸・板垣の三者の思惑は全く別のものであったが、このように大久保の相談役を五代が務めた上で、不一致をまとめられたのは五代や伊藤、井上らの尽力があってこそといえよう。

北浜にある「花外楼」に掲げられた大阪会議のレリーフ（大阪市中央区北浜）

　ちなみに、最後の手打ちが行われた料亭「加賀伊」は、木戸から「花外《かがい》楼」の名を贈られ、今も同地で営業している（建物は建て替わっている）。こういう粋なことができるのが、京花街で鳴らした木戸の持ち味であろう。木戸は東京へ向かう際に、五代にも礼状を送り、碁にかけて「また指導をしてほしい」と政治上の助言も頼むような含みのある言葉を残している。

大阪会議の成功は、明治憲法制定や国会開設などに向け大きな転換点になったのである。

明治九年（1876年）、五代は大阪に藍製造の工場「朝陽館」を開設する。また、独自の銀行設立が一度、「三井小野組合銀行」という形になったことから、関西で独自の銀行設立も働きかけた。大阪の豪商、鴻池善右衛門（幸富）や広岡久右衛門（正秋）、加えて徳島県人らが協力して明治六年に出願していた「第三国立銀行」がそれだったが、認可は受けたものの発足・開業に至らず、この免許はそのまま東京の「第三銀行」へ譲渡された。結局、五代自身は銀行の創始者や支配人になることはなかった。また、五代は東弘成館の開設にともなって東京・築地にも別宅を構えた（旧浅野家江戸屋敷の一部と伝わる）。日本全国に広がった鉱山事業のために、大阪と東京を往来する忙しい日々を過ごしていた。

ところが、大阪会議の結果、国内安定して商売に集中できるはずの五代に、大きな暗雲が広がる。明治九年十月、熊本で神風連の乱、次いで福岡・秋月、山口・萩と相次いで不平士族の蜂起、反乱が起こった。背景にはこの年、政府が断行した秩禄処分がある。秩禄とは華族や士族に与えられた家禄（もともとは藩から、廃藩置県後は政府から与えられた禄＝米支給）、賞典禄などのことで、これが全廃されることは武士の失業を意味していた。廃刀令も含めて特権剥奪による、明治政府への士族の憤懣《ふんまん》は否応なく高まった。政情不安の中、鹿児島にある西郷隆盛の動向が耳目を集め、西郷を慕って下野した桐野利秋（もとの名を中村半次郎）や篠原国幹《くにもと》らが指導する私学校の動揺が心配された。

明治十年（１８７７年）二月十五日、南国鹿児島には珍しく大雪だったという。私学校生徒らの軍勢約一万三千人が、西郷隆盛を旗頭に「政府に尋問のすじあり」とし、鹿児島を出発した。国内最大の、そして最後の不平士族の反乱、「西南戦争」が始まったのである。

誤解されている向きも多いのだが、この時、「五代は大久保に着いた」という俗説がある。最初から「大久保派だった」という意見もあろう。確かに、維新前後から五代は、大久保と小松帯刀と組んで多くの外交問題に対処し、五代が下野し小松が亡くなった後は、大久保を政府外から支えてきた。また大久保も五代を頼りにしてきた。強い紐帯《ちゅうたい》があったことも事実である。

しかし、五代は西南戦争の時期に、ほとんどといっていいほど大久保や政府の支援をしていない。薩軍の二月の鹿児島発から熊本城攻防、宮崎や熊本での激戦、さらに九月鹿児島の城山籠城まで、約八カ月の長きに及んだ戦争は九月二十四日、西郷自決で幕を閉じる。政商と呼ばれた多くの者は戦争で暴利をむさぼった。例えば岩崎弥太郎の三菱は西南戦争で官軍を輸送する船を出し、巨万の富をあげている（政府が支払った戦費は四千百五十万円といわれるが、そのうち三分の一が三菱に支払われた）し、藤田伝三郎商会（創業者・藤田伝三郎は奇兵隊出身）は陸軍に被服、食糧、軍靴など納入、人夫の斡旋までして、一代で三井・鴻池ら旧豪商に比肩する企業になった。

五代の関係する会社は唯一、朝陽館が軍服の染め物を受注した程度である。官軍側の弾薬や銃砲などは一切扱っていない。政府の実質的なトップ、大久保も五代に頼ろうとはしていない。幼馴染みや知己が、親と子が、あるいは兄弟同士（例えば西郷家は次弟・従道は政府軍、隆盛と三弟・小兵衛は薩軍）が敵味方で戦うような西南戦争の悲劇は、薩摩出身の五代にとってこの上なく辛かったはずである。五代の複雑な心境を示す手紙の類は未見であるが、いずれどこかに西南戦争時期の五代の行動を裏付けるような史料が出てくるのではないかと信じている。

一度は東京に戻って参議を務めた木戸孝允だったが、西南戦争への対応のため下阪した。ところが元々持病（肝臓病か）のあった木戸は、容態を悪化させてしまった。病院を世話したのは五代友厚と伝えられている。明治天皇もたまたま京の御所におられ、七月まで御駐輦《ちゅうれん》（滞在）されたが、その間の五月、京都の屋敷で木戸が重篤との報が入った。見舞いに大久保利通が行くと、木戸は大久保を西郷に見誤ったのか、西南戦争が心労となっていたのか、意識朦朧とした中で「西郷、もう大概にせぬか」と言ったという。薩長同盟を結び、討幕維新をともに生き抜いた木戸ならではの言葉で、西郷を叱りつけるようでいて同時に政府のゆく末も心配している。五月二十六日、木戸は息を引き取った。享年四十五歳だった。

西郷隆盛の肖像（キヨソネ画）

　九月二十四日、鹿児島城下の城山に籠る西郷軍はわずかな人数であった。官軍の総攻撃にはとても持ちこたえられず、西郷隆盛は意を決して官軍の待つ麓へ向かって行った。途中、銃弾を受けた西郷は供をしていた別府晋助に「晋どん、もうここらへんで良かが」と告げたという。「ここらへん」は単に物理的な場所であったろうか、それとも時代の命運という意味での「ここらへん」だったのか。別府の介錯で、西郷は自決した。享年五十一歳。

西郷の死の知らせを聞いた大久保は号泣し、時々鴨居に頭をぶつけながらも（大久保は当時としては長身だった）家の中をグルグル歩き回っていたという（末妹みね子の証言）。五代にしてみても、自身が近しく交わった「維新の英雄」を相次いで失った、その悲しみは大きかったに違いない。

ミニコラム　巨星、西郷隆盛

この頃の話に以下のようなエピソードがある（「五代友厚伝」五代龍作著）。五代の大阪の屋敷に、郷里の後輩である山本権《ごんの》兵衛《ひょうえ》（のち海軍大臣、日露戦争前に東郷平八郎を艦隊司令に指名したことでも知られる）と左近《さこん》允《じょう》隼人が突然訪ねて来た。海軍兵学寮（兵学校、東京・築地）の学生だった山本は「（兵学寮を）辞めて鹿児島の私学校に入り（西郷さんの）教えを受けるつもりだが、鹿児島までの旅費がないので貸してほしい」と相談した。五代はまず勉学を途中で投げ出すことを諫め、「考え直せ」と説得する。なおも食い下がって「貸してほしい」という二人に、五代は「薩摩の連中が証文を入れても、金を返した試しはない」といって断った。二人はすごすごと堀川端の宿に戻った。ところが、翌朝宿に「餞別」と書いた紙包みが届けられており、中には一円札五十枚が入っていたという。

山本と左近允は五代の計らいに感謝して陸路、鹿児島に向かった。しかし、西郷も五代同様に「兵学寮に戻って勉強し、国のために尽くせ」と諭し、山本らは東京へ戻った。帰途に二人が鹿児島の土産を手に再び五代を訪ねると、五代は「土産をもらうようなことはしていない」ととぼけて受け取らなかったが、兵学寮へ逆戻りすることを祝ってわざわざ宴をはってくれたという。

これは明治七年の出来事だった。西南戦争が始まった際には、山本権兵衛はドイツ留学中で西郷の元へ駆け付けることはできなかったが、一方、左近允隼人は西郷軍に加わって戦死してしまった。

のちに山本はこんな話をしている。「西郷さんの所に行くと時間が流れるのも忘れてしまい、門を出る時には誰もが愉快な気持ちになったが、大久保さんはこの逆で、怖い顔をしており言葉数も少なく、訪れた者はただその威厳に打たれて、言いたい事も言えずに小さくなるだけだった」

大久保に面と向かって意見し、諫言を厭《いと》わぬ五代でさえも、西南戦争は止めることができなかった。もし小松帯刀がこの時点まで生きていてくれたら、五代も大久保もみすみす西郷を死なせることはなかったかもしれない。そう想像するのは都合が良すぎるだろうか。

五代と交友があり、また江戸無血開城を交渉した勝海舟は次のように詠んだ。

「濡れ衣を　干さんともせず子どもらの　なすがまにまに果てし君かな」

同時代の目撃者として、西郷が「濡れ衣＝征韓論の主導者」とのレッテルをはがそうともせず、若者たちに担ぎ出されて逆賊として死んでしまったことを嘆いたのである。

西郷は死してなお大きな存在であった。死の前後（明治十年九月）、庶民の噂で「西郷星」と呼ばれるものがあった。「急に現われた明るい星の光の中に、陸軍大将の正装をした西郷隆盛の姿が見えた」と大騒ぎになったのである。ちょうど火星の大接近があって、それがこの噂の発端となったのだが、当時流行った錦絵にも描かれて人気を博した。明治天皇も西郷の死を悼んだ。広く東京の人々にも愛され、惜しまれた西郷の人物像、その人柄の大きさを伝える逸話であろう。

18　株式取引所と大久保の暗殺

明治九年から十年にかけてはここまで紹介した通り、大久保にとっても五代にとってても忙しく、さらに心穏やかに過ごせぬ毎日が続いた。薩摩藩出身者にとって、それほど西南戦争は大きな事件だった。

大阪会議が開かれたのは明治七年暮れから八年正月の間であったが、その直前に政府は株式取引所条例を発布（明治七年十月）していた。東京と大阪にそれぞれ取引所を開く計画で、これは国内産業の発展振興を図るため、企業育成を行おうということと、政府が発行する公債が巨額に上っており取引所を設置する必要が生じたためであった。

五代はもちろん、大阪にこれを設置するための準備をしていた。しかし、西南戦争の間はほぼ目立った動きはできなかったようである。これまでの五代の積極的な仕事ぶり、電光石火のような彼の普段から見れば信じられないことだが、五代は実施時期の延期を申し入れ、加えて大阪の実態取引（すでに堂島では為替取引が行われていたので、その商習慣を参考に）に即した意見書を提出した。政府は改めて明治十一年（1878年）五月、新たな株式取引所条例（太政官布告第八号）を出した。

五代はこれに従い、六月に大阪株式取引所の設立免許を受ける。渋沢栄一らの東京株式取引所に半月ほど遅れ、惜しくも日本最初とはならなかったが、発起人には五代をはじめ、鴻池善右衛門（幸富）、三井元之助（高生か）、住友吉左衛門（友親）、広岡久右衛門（正秋）ら日本を代表する豪商が名を連ねた。創立株主は百三十人を数え、その筆頭は五代だったが、五代自身は頭取にはならず、渋沢系の中山信彬《のぶあき》（佐賀藩士）が初代頭取になった（五代と渋沢という東西の両雄は、前述したように第一国立銀行創設当時から互いの事業に関係を持つようになった）。八月、大阪の北浜（現在の大阪取引所付近）で開業し、秩禄公債などの売買取引を開始した。

ところが、株式取引所の開設に急いでいたこの期間の五月、新政府を揺るがす事件が起こる。内務卿（参議）大久保利通が暗殺されたのである。五代にはあまりに衝撃であった。紀尾井坂の変と呼ばれる。この時の内務卿は実質的な首相であり、政権トップの暗殺に日本国中が驚愕した。

五月十四日の朝八時過ぎ、東京・麹町（現在の千代田区紀尾井町清水谷）の紀尾井坂において、大久保利通の乗っていた馬車が、島田一郎ら六人の刺客に襲われた。島田らは石川県と島根県の士族で、西南戦争など一連の不平士族の乱に共鳴して挙兵計画を企てていたが、実行できず、政府高官を暗殺することに切り替えたという。

大久保は霞が関の自邸から赤坂仮御所に向かって、御者の操る二頭立て馬車に乗っていた。暗殺犯は馬に斬りつけ、御者を刺殺。大久保を引きずり出した。大久保は「無礼者」と一喝したが、島田らに斬殺されてしまった。享年四十七歳だった。

事件に遭遇したのは、大久保の世話で薩摩藩の洋学校「開成所」の教官を務めていたこともあった前島密《ひそか》（当時、郵便制度を司る駅逓《えきてい》局長）であった。直後に駆けつけて遺体を見た前島は、「肉飛び骨砕け、又頭蓋裂けて脳の猶微動するを見る」と自序に記している。実は前島は、この事件の数日前に相談事があって大久保の屋敷を訪問していたという。普段めったに自分のことなど話さない大久保が、「昨夜変な夢を見た。西郷と言い争いになって格闘になり、高い崖から落ちた。自分の脳が砕けてビクビクと動いているのが見えた。不思議な夢だった」と語ったという。前島が不思議に思っ

岩倉使節団の写真。右から大久保利通、伊藤博文、岩倉具視、一人おいて木戸孝允（1872 年、ロンドンでの撮影。ウィキペディアより転載）

ていたら二、三日して暗殺が起き、そして前掲のように頭蓋骨が裂けて脳がまだ微動していたのを目にしたのである。大久保自身の口から聞いた悪夢のことを思い出してゾッとした、と前島は振り返っている。

暗殺犯の島田一郎らは、「有司専制」の罪五つを記した斬奸状を手に自首した。有司専制の有司とは役人の意味で、少数の有力者が専制政治を進めているという非難告発であった。大久保らの政府高官（ほかに木戸孝允、岩倉具視、大隈重信、伊藤博文、黒田清隆、川路利良など）の罪を挙げ、許し難いとしている。斬奸状は、大久保が地位を利用して私財を肥やしたなどと批判していたが、これは噂の類の言い掛かりで、実際は大久保にはこういった点はなかった。

豪奢と批判された洋館の屋敷も、五代や税所篤らに借財して建てたもので、家具などお古だった。大久保は金銭に対して潔白な政治家で、必要な公共事業なども予算がつかないと、私財を投げ打って行う（福島・安積、岩瀬の開墾）などしていた。そのため蓄財はなく、死後には八千円もの（一説には二万円）借金が残ったという。

大久保は家族にも内緒で、西郷直筆の手紙を懐に持ち歩き、暗殺された時にも手紙二通を所持していたと伝えられている。その血染めの手紙を大山巌（西郷のいとこ、のち陸軍大臣）が確認している。

この日、五代は東京・築地の別邸に滞在していた。朝食を取っていたが、知らせを聞いて駆け付けようと玄関まで出て、胃の中のものをすべて吐き出してしまったと伝えられている。大久保は死の前に、五代宛てに手紙を書いていた。中で商法会議所についても触れる。「大阪府知事の渡辺昇（肥前大村藩、剣道「範士」として知られる）から伊藤（博文）へ内書があり、東京で評判になっている商法会議所を大阪でもつくるとのことで、渡辺は気の回る男だから、聞きたい事あればいちいち聞いたが良い」といった中身であった。

また、この時パリに外遊していた（前年に1877年パリ万博があり、訪問団副総裁だった）松方正義（のち大蔵相、首相）は訃報を知り、五代に「国の大黒柱」である大久保を失った悲しみを手紙に記している。「甲東先生（甲東は大久保の号）の事は今更無益な嘆息なれども、実に断腸の極み也。（中略）天を仰いで涙を流してばかり」と。松方は生家も大久保のそれと近く、大久保に目をかけられていた後輩であった。松方への手紙に五代も「内国の光景は、暗夜に火を失するに似ている」と嘆いている。

実は暗殺された日の朝に、大久保は自ら明治元年から三十年を三つに分け、最初の十年を「創業」、次の十年から「内政」、そして後継者に引き継ぐ「守成」の十年とした計画について述べていた。これは帰県の挨拶のために訪れた福島県令・山吉盛典《もりすけ》（もと米沢藩士）に語った内容だ。話は二時間近くに及んだといい、大久保自らは第二期まで力を注ぎたいと抱負を述べていた（山吉盛典「済世遺言」）。それができぬまま、大久保は志半ばに凶刃に倒れたのだった。

ミニコラム

大久保と碁

大久保利通のエピソードで、五代友厚に浜寺公園（大阪府堺市）へ案内されたことも紹介しておきたい。岩倉使節団の帰国後、明治六年（1873年）のこと、浜寺へ案内された大久保は、堺県令・税所篤が松林を伐採して住宅地として開発しようとする計画があることを聞き、歌を詠んだという。

「音に聞く　高師の浜のはま松も　世のあだ波はのがれざりけり」

五代から美しい浜松を惜しむ、この歌を知らされた税所は開発計画を撤回した。今では浜寺公園の入り口に、この大久保の歌を刻んだ「惜松《せきしょう》碑」が建てられて顕彰されている。この大久保の歌は、小倉百人一首の祐子内親王家紀伊「音に聞く　高師の浜のあだ波は　かけじや袖の濡れもこそすれ」の本歌取りである。

また前述したが、大久保が東京・霞が関に私邸を建てた際に税所から三千円を借用しているが、これは大久保の求めに応じて、税所が五代から借り受けたものだったという。税所は堺県令という立場もあり、薩摩藩出身同士、五代とは特に関係が深かった。

ちなみに、五代と大久保の手紙において、五代は「松陰」、大久保は「甲東」と互いに号で宛名を記している。大久保の号は、西郷隆盛の「南洲」と同じく有名であるが、五代の号が吉田松陰と同じなのはさほど有名ではない。これは五代が吉田に師事したり、尊敬したりということではないようである。五代は長州藩士（高杉晋作や木戸孝允、伊藤博文、井上馨）との親交もあったが、同じ号を名乗るほど吉田松陰に傾倒していたとは思えず、偶然に一緒だったようだ。蛇足かもしれないが、吉田松陰（寅次郎）が「松陰」の号を名乗ったのは自身の故郷「松本村」と、江戸時代寛政期の著名な尊皇家・高山彦九郎（国学者、上野国《こうずけ》出身）の諡《おくりな》にちなんだものである。

謹厳で寡黙なイメージの大久保利通であるが、その囲碁好きは相当なものであったという。大阪会議でも、また有馬温泉への湯治でも、五代と大久保は盛んに碁を打っているが、黒田清隆や吉井友実らもともに興じている。囲碁仲間には心を許したのだろう、手紙にも親密さが感じられる。

「今帰着。夕四字（時のこと）迄は不得接会《せっかいえず》残念の至り、乍去《さりながら》、若《もし》鋭利の峰頭に応ずべき御設けあれば、薄暮に乗じて攻撃敢て避けざるところ也」

大久保にしては珍しく、くだけて、おどけた文章と言えるだろう。「四時までは忙しくて会えずに残念だったが、もし鋭い打ち筋にも応えられる備えがあれば、薄暮に乗じて、碁を打ちに行くが、よいか」との誘いだ。このほかにも、大久保と五代の手紙には碁に関する記述が多く、よほど心を許し合っていたことが察せられる。

明治棋界を代表する本因坊林秀栄《しゅうえい》（のちに林家を絶家《ぜっけ》とする。本因坊秀栄）と五代は、深い親交を結んでいる。大久保との対戦に備えて五代は指南を受けていたという。秀栄は東京での生活に困って（明治十年ごろ）大阪へ来て五代の屋敷に世話になった（重野安繹が紹介したと伝わる）のだという。五代は当然のこと、大久保とも何度も対戦した。秀栄は後年、大久保のことを評して「公の碁は実に品のよい碁だった」と語ったが、「ただ西南の役のころは手が乱れた。よほど心配だったのだろう」と察したという。

五代友厚にとって、小松帯刀亡き後の最大の理解者であり、兄のように親しい「碁敵」でもあった大久保利通の突然の死は、何にも代えがたい喪失感と深い悲しみを抱いたことは推するに余りある。

19　大阪商法会議所

明治十一年（1878年）七月、五代を中心に財界指導者の有志十五人が、大阪府に商法会議所設立の嘆願を提出。これが九月になって認められた。会員の集め方は多少、強引で、決め文句は「万が一、後に会へ加盟を申し込んでも拒絶、もしくは巨額の入会費を徴収する」で、結果的に六十人の参加を獲得したという。この勧誘手法は、五代の五代たる所以でもあろうか。

役員の構成は、五代友厚を筆頭として設立発起人となり、鴻池（代理人斎藤慶則）、三井（代理人中井由兵衛）、住友（代理人広瀬宰平）、磯野小右衛門ら関西の豪商が名を連ねた。また、関西で勃興してきた政商、藤田伝三郎（長州出身、藤田組）や中野梧一（元幕臣）らも五代の補佐役として参加した。

大阪商法会議所を設立した目的は「大阪の実業家の相互扶助によって新時代の潮流に棹差し、大阪商人の伝統である信用第一主義に則り以って自己の利益を増すと同時に大阪の繁栄を軸に国富の増強に資する」とうたった。それまで、日本には「株仲間」があり、それが経済人のモラル醸成と人材育成には意義があったことを踏まえ、ベルギーなどで見た欧州の商工会議所（ギルドなど）を参考に、新規事業の共同開発や情報交換などに資する近代化した事業者・経済団体を組織しようとしたのである。

九月二日、大阪商法会議所の設立総会が大阪の西本願寺津村別院（大阪市中央区本町）で開かれた。白麻の洋装で蝶ネクタイの五代が初代会頭に、副会頭には広瀬宰平と中野梧一が選ばれた。ちなみに、幕臣だった中野は旧名を斎藤辰吉といい、榎本武揚とともに五稜郭まで抗戦し降伏して獄舎につながれたが、維新後に榎本らと同様、政府に用いられた経歴の持ち主。大蔵省に出仕、さらには山口県令にまでなったが、明治八年に下野、退官後は大阪の藤田組を頼り米相場で富を築いたという。運輸業と軍需を主にし、この後五代の事業にさまざま関わるようになった。

設立総会には大阪府知事の渡辺昇や、五代の事業の執事など長年務めてきた堀孝之らも出席。その夕も設立を祝って宴が催され、中之島では花火が打ち上げられた。

すでに東京で、三月に東京商法会議所が設立されており、こちらも日本で最初とはならなかった。東京商法会議所設立には渋沢を中心に、益田孝（三井物産）、福地源一郎（桜痴《おうち》、「東京日日新聞」主筆）らが発起人となったが、伊藤博文や大隈重信が商工業者の世論機関の設立を働きかけた背景があったという。いずれにせよ、商法会議所設立時から政府・勧商局が毎年、千円の保護金（事業活動資金）を下付した。

大阪商法会議所は、その年から起業公債証書を貨幣代用とすることなどを決め、株仲間制度廃止による混乱を是正しようと、砂糖商・油商・諸国荷受け問屋・舶来品商・汽船問屋・青物問屋・皮革商・炭問屋など、各商売問屋の規約締結に取り組んだ。続いて、商業部門別の商況調査をはじめ、金融・銀行事業の拡張、手形発行や割引の対応、米価高騰の予防、新鉄道の敷設準備など大阪・関西圏の広範な問題を取り扱うに至る。五代は会頭として率先し、審議議決や建議答申などはもとより、調査報告や経済界の意見取りまとめ、あるいは利益擁護まで出来うることは全て努めたという。

最初に建てられた大阪商法会議所の建物

「大阪商法会議所議事日誌」には、以下の逸話が記されている。

当時の議員の中にはまだ新しい商業活動や経済体制について理解していない者があって、議題について何を論じているのか、要点は何なのか、決めるべき成則は何なのか、分からなかった。そこで、五代は審議中に会頭の席を中野に譲り、自ら議席に下って発言したり、質問したりしたという。それによって、問題点は何なのか、分かりやすく理解させたのであろう。

五代は没年まで、会頭として大阪の商工業者全体、ひいては大阪経済全体の繁栄と発展のために力を尽くす。大阪商法会議所はその後、明治二十四年（1891年）、大阪商業会議所となり、のち大阪商工会議所と改組され、現在まで続く。

一方、西南戦争後からこの頃、混乱した状況の続く中で「贋札《にせさつ》」騒ぎが起こる。明治十一年（1878年）十二月、納税された二円紙幣の中から、非常に巧妙に偽造された贋札が発見されたのである。顕微鏡で四百倍に拡大しても「描かれたトンボの脚が一本欠けている程度」しか違わない、精巧な贋札だったという。翌十二年秋、警視庁は突如、藤田伝三郎を容疑者として逮捕した。中野梧一も同じく検挙された。いわゆる「藤田組贋札事件」である。

藤田は長州・奇兵隊出身であり、井上馨や山縣有朋（陸軍卿）らとつながりが深く、西南戦争で財をなした政商である。藤田伝三郎商会の役員を務めていた中野も、もとは幕臣だが井上馨に信頼を置かれていた。贋札が関西を中心に発見されていたことや、藤田商会のあまりの急成長ぶりが相まって、「贋札は井上馨がドイツに滞在して造らせ、藤田を通じて一儲けした」と噂された。またそれを裏付けるような証言を、木村真三郎という解雇された藤田の手代が「実地録」として当局に提出したため、警視庁は検挙に及んだのだった。

警視庁初代大警視（警視総監）は、薩摩藩出身の川路利良だった。当時、薩摩と長州の藩閥争いが背景にあるとの風説も流れた。西郷が西南戦争で、大久保が暗殺で、二大巨頭を相次いで失った薩摩閥が、政府をわがもの顔で牛耳る長州閥（井上は尾去沢銅山事件が、山縣は山城屋事件という汚職疑惑があった）へ対抗すべく、川路が矛先を向けたというのである。しかし、噂の域を出ず、真偽は謎である。

藤田と中野のところから一枚も贋札が出てこず、また証拠らしい証拠も見つからなかったため、五代は弁護を買って出た。商法会議所の設立に深く関わった藤田と中野が検挙されていたのだから、大疑獄の渦中となって動揺せぬはずはない。

商法会議所会頭として五代は、藤田らの取引銀行に紙幣の調査をさせ、一枚も出てこなかったのを確認すると、会議所に人々を集めて演説した。警察当局が証言のみで、証拠もなく藤田らを拘束逮捕したことを批判し、「もし贋札があれば会議所で、即刻引き換えるので安心してほしい」と熱弁をふるった。五代の演説と「贋札引き換え」の告示は新聞にも掲載された。これについて、中井弘（桜洲）は五代に宛てた手紙の中で「官民の疑惑を一片の文字にて氷解せしめたるは、閣下一世の大出来」と書いている。また、五代はわざわざ大隈重信にも会って、二人の冤罪を説いている。

結局、東京で取り調べられていた藤田らは無罪放免となり、一方「告発した証人」木村真三郎の方が誣告罪《ぶこく》（嘘の告発をした罪）に問われ、懲役七十日を言い渡された。その後、事件は神奈川県の熊坂長庵なる人物（医師、日本画家）が真犯人として検挙され、その家からニセの二円札八百枚余りが押収されたという。しかし、大規模な印刷機もなく、単独で二千枚もの贋札を偽造できるか、またその名も熊坂長範（平安時代の伝説上の盗賊）をもじった名前で、出来すぎの「真犯人」と思われ、これにも冤罪説がある。

ミニコラム　**藤田伝三郎**

紹介してきたように、藤田伝三郎は明治十年以降、五代の事業に再々加わり協力している関西財界の重要人物である。一代で財をなした立志伝中の人物とも言え、藤田の一生をたどるだけで一冊の小説ができるほどの波乱の人生を歩んだ。

その出自は長州萩の酒造・醸造業（蔵元）で、長じて高杉晋作の呼び掛けに応じ奇兵隊に加わった。商人の出であった藤田が維新期に任されたのは藩の輜重掛《しちょう》である。軍隊は戦う兵隊や、作戦をたてる参謀だけではできない。食料や弾薬を仕入れ、それを前線へ運ぶ、いわゆる補給線が大事だが、それを担う後方支援の役目であった。

維新後、藤田は一度東京へ出て、山城屋和助のもとで修業。明治二年（1869年）、長州藩が陸運局を廃止して大砲・小銃・砲弾・銃丸などを払い下げた際に、藤田はこれらを一手に引き受け、大阪に搬送して巨利を得た。ちなみに、この山城屋和助こそ、山縣有朋との縁故を使って新政府陸軍省御用達となり、明治五年（1872年）陸軍から無担保で借り受けた巨額の公金（総額で六十五万円、当時の国家歳入の一％にも達した）を返済できず自殺した。いわゆる「山城屋事件」を引き起こした人物だ。

手元に資金ができた藤田は山城屋から独立、明治二年に大阪で革靴の製造から事業をスタートした。当時は靴の製造自体が珍しく、軍靴は軍隊にとって必需品だった。また井上馨が先収会社を立ち上げた際には益田孝とともに頭取も務め、その後井上が官界へ戻るため会社を解散させると、藤田伝三郎商会を創立。折から西南戦争で陸軍に被服や食糧、機械、軍靴を納入、人夫の斡旋までして利益をあげた。

藤田伝三郎の肖像（「華族画報」より）

前述したように、あまりの急成長ぶりに贋金事件で疑われるような噂も流れ、五代以上に「政商」の悪いイメージで語られるが、この事件については冤罪だったことが五代の手で証明された。中野梧一が共同経営者であり、また中野は大蔵省時代から井上馨と密接に関係があったため、井上・藤田・中野の三人は「黒い糸でつながっている」との噂が絶えなかった。

さらにこれが世間に定着したのは、事件直後から自由民権運動に共感する講談師たちが語った藤田の一代記。藩閥政治に批判的な時代のムードをあおり、講談の中身は虚実とりまぜた内容でもお構いなしに、各地で人気を集めたという。しかし、藤田は一切抗議も弁明もしなかった。

一時苦境に陥った藤田は建設業にも乗り出し、組織を藤田組と変えた。再出発後は、鉄道建設をはじめ、大阪の五大橋の架橋、琵琶湖疏水等の工事を請け負い、躍進した。五代の指導を受けて鉱山事業にも取り組み、小坂鉱山（秋田）を経営。五代の死後は、大阪商法会議所の二代目会頭を務めた。官僚時代、悪事に非常に厳しい対応をしたことで知られる五代が、これほどの信頼を置いていたということは、やはり藤田にやましい点はなかったに違いない。

そのほか、行き詰まった「大阪日報」を藤田が大阪財界人に呼びかけて「大阪毎日新聞」として再興させた。これが現在の「毎日新聞」に発展した。このように多角的事業経営に乗り出して藤田財閥を形成。伝三郎の死後のことだが、藤田鉱業から藤田興業となり、藤田観光が分離独立してホテル事業が発展したことは有名だ。大阪本邸は太閤園、東京別邸は椿山荘、箱根別邸は箱根小涌園、京都別邸は旧ホテルフジタ京都（現在は跡地に、リッツ・カールトン京都が建つ）となった。またワシントンホテル・グループとしても広がる。

ちなみに芸術、美術品に対する造詣も深く、藤田伝三郎が集めた美術品は「藤田コレクション」として名高い。藤田邸跡にある藤田美術館（大阪市都島区網島町）には、藤田と息子たちが集めた国宝九点、重要文化財五十一点を含むコレクションが収納されている。

20　開拓使官有物払い下げ事件と醜聞

明治十二年から十三年に掛け、米価暴騰が起こる。西南戦争などの不平士族の乱が続き、軍事費を出費し紙幣を発行したことや食糧需給のひっ迫、さらに貿易不均衡による赤字も加わり、急激なインフレが起こったのである。政府は対策に追われたが、一度その方向へ走り出したら、悪循環は止められない。

大阪の米市場は混乱した。五代は明治十三年（１８８０年）七月、上京し岩倉具視に面会を求めた。さらに長文の財政再建策と市場安定化のための意見書を提出している。趣旨の一番目は、米納の制を復活すべしであった。地租改正以降、税を米納から金納の制にした結果、米価が農民の左右するところとなり、政府にその調整の力がなくなったため、諸物価の高騰を招いたと指摘。そこで対策として五代は「米納を復活させるしかない」と提言したのだ。岩倉は参議黒田清隆らにはかり、この五代の「米納論」を閣議にかけたが、反対意見が根強く、結果これは採択されなかった。

内務卿の松方正義は「財政管窺概略」という意見を出し、紙幣乱発が財政危機の原因であり、通貨量を縮小するというインフレ対抗策をかかげたのである。五代は秋に、大蔵卿佐野常民に「財政救治意見書」を建議した。松方のインフレ対抗策は、かえってデフレを生み（のちに松方デフレと呼ばれる）結果として長い不景気を生じさせ、農産物の価格下落から農村荒廃を招いてしまったのだ。薩摩が輩出した五代と松方が、政府内外で対立する経済政策を論議し合っていたことは興味深い。

この時期、五代は十二年春から一年あまり、堂島米会所では猛烈な売りに出て、米価高騰へ対抗しようと買方相手と壮烈な戦いを演じた。もうけを重視する商人ならば通常やらないような市場介入を、五代は個人で挑み、堂島史上まれにみる売買戦を繰り広げた。広瀬宰平らにも協力を頼み、相当な犠牲をはらって米価安定のため努力した。破産した商人の中には、裁判沙汰を起こしたものもあった。

明治十四（1881年）年六月、五代は幕末の薩摩ベルギー商社以来、念願としていた商社設立を実現する。広瀬宰平や藤田伝三郎、中野梧一、杉村正太郎（杉村商店、のち五代の四女・久子の夫）らと謀り、関西貿易社を設立した。本社は大坂靭北通りに置き、五代が総監（取締役社長）、副総監に広瀬が就任した。

ちょうどこの時期、北海道開拓使の将来が政府内で問題となっていた。開拓使は十年計画で新政府が設立した北海道開拓と北方防衛のための官庁で、その十年満期が近くなった明治十四年に「廃止方針」が固まった。開拓使長官を務めていた参議の黒田清隆は、ここまで続けてきた開拓事業を継承させるために、部下の官吏を退職させて企業を起こし、官有の施設・設備を安値で払い下げることにした。

当時、政府は官有物をしばしば民間に払い下げていた。五代が造った小菅修船場は一度国有化された後、三菱造船所に払い下げられたし、五代も多くの鉱山を政府の認可を受けて払い下げてもらっている。五代は北海道に中野らをともなって出向き、視察を行った。岩内炭坑と厚岸《あっけし》山林の払い下げを最初に申し出、開拓使はこれを許可した。

開拓使の事業は船舶や倉庫、農園、炭鉱、ビール・砂糖工場などがあった。「事業には私利で動かない官吏出身者をあてるべきだ」というのが黒田の考えで、その事業はほぼ赤字であり、それを理由に安値を付けた。政府が十年間で千四百万円という費用を注ぎこんだものを三十九万円で払い下げるというものであった。しかも無利息三十年賦という。開拓使大書記官であった安田定則（薩摩藩出身、のち元老院議官）らの「北海社」が工場経営などの事業に当たる計画だったが、資本がなかったため、黒田は五代に相談した。黒田は「日本の経済発展のために北海道開発は欠かせない」と強調し、熱意に動かされた五代は、開拓使解散によって事業が途中で投げ出されないよう、北海社のために払い下げを引き受けることを承諾した。

ところが、参議の大隈重信と大蔵卿佐野らが黒田の策に反対した。閣議では黒田の主張通りに払い下げは認可されたものの、大隈は「郵便報知」など新聞に情報をもらし、開拓使払い下げを攻撃させたという。実際、大隈がこれをさせたか、異論はあるが、大隈は世論操作というものを真っ先に理解していたようである。これ以前に、三菱が（岩崎弥太郎の弟弥之助が進めていたのだが）開拓使の船舶と倉庫の払い下げを願い出て却下された経緯があった（「函館市史」）。このため世間では「三菱と大隈が結びついて、薩摩閥に対抗している」と見られた。更に大隈が登用した大蔵官僚の間からも払い下げ中止を求める意見が出された。大隈自身が手を染めなかったとしても、大隈を支持するものがこの一連の情報操作に加担したことは紛れもない。また、大隈支持派がこのような動きに出た背景に、国会開設と憲法制定を巡る保守派（旧藩閥勢力）との対立激化があった。大隈は急進派の旗頭として民権派に推されていた。大蔵省の若手官僚と新聞記者らは、同じく福沢諭吉の門下生で占められており気脈を通じていた。

黒田清隆の肖像（ウィキペディアより転載）

新聞や民権演説会などで黒田と五代の癒着が糾弾され、北海社と関西貿易社は表裏一体で「薩摩の官民が結託して私腹を肥やそうとしている」と喧伝《けんでん》された。この間の攻撃について広瀬宰平が書いた五代宛ての手紙にも「世の人々は策謀に乗せられて誑惑《きょうわく》せられて」おり、「暫し忍耐一歩を譲り、貿易社へ御払下げは岩内炭坑と厚岸官林も返却し、北海社と貿易社は右に関係せず」として天下に広言したらどうか、と勧めている。広瀬と五代の私信であり、建前を書く必要のない文章で、これを丹念に見れば、五代が私欲のために動いたとは考えにくい。赤字公営企業を引き受けるための枠組みに加担した程度であって、当時は現在のような競争入札制度などもなかったので、このような事態になったと言えよう。

一方、近年の研究で、この官有物払い下げ情報をリークしたのは、関西貿易社側すなわち広瀬自身ではなかったか、という説もある。広瀬は五代が黒田らへの私情から「利益にならぬことにお金をつぎ込み、やっかいな赤字企業を背負い込むのではないか」と恐れ、五代の計画を中止させ、関西貿易社（ひいては大阪の商業者）を守ろうとした、というのがその主張だ。さらに一方で、この後明治十六年になって、中野梧一が自宅で謎の自殺を遂げる。「もしかして中野がこの事件の黒幕だったのか」とも憶測されるが、依然真実は分からぬままである。

十月、開拓使廃止は一旦取りやめとなり、政府は官有物払い下げも取り消した。一方で、伊藤博文らは収拾策として、黒田と大隈の「けんか両成敗」の方針を決める。十月十二日、参議大隈の追放（免官）と国会開設の詔勅、払い下げ中止などを発表した。これを「明治十四年の政変」といい、一種のクーデターと言えなくもない。その後、黒田も開拓長官を辞めて内閣顧問という閑職に退かざるを得なくなった。開拓使は翌明治十五年（1882年）廃止され、北海道は札幌県、函館県、根室県に三分割された。

ミニコラム　**黒田清隆と村橋久成**

官有物払い下げ事件は、五代友厚のイメージを悪くしている最たる事件で、教科書にも載っていたが、最近ではこれさえも義務教育で教えられないようである。政商のイメージはこれによって強く印象付けられた。

ところが、北海道の事業ではその後、同じような「北海道庁官有物払い下げ事件」（1886年）が起こる。三県に分けられた北海道は、再び「道」庁が管轄し、その官有物（公共投資・事業）を民有化するという課題が持ち上がる。今度は渋沢栄一や岩崎弥太郎、益田孝、安田善次郎（安田銀行）、大倉喜八郎（帝国ホテル）ら財界人を札幌へ招き、北海道の開発について協議した。夏には山縣有朋、井上馨らが再び益田、大倉らを伴ってやってきた。暮れに開拓使時代からの官営工場である札幌麦酒醸造所が大倉へ払い下げられた。翌年、渋沢が出資者に加わり、これは札幌ビールと社名を変えた（現在のサッポロ・ビール）。

この麦酒醸造所を建設したのが、五代とも縁の深い薩摩藩英国留学生の一人、村橋久成であることは広く知られているところだ。村橋は帰国後、戊辰戦争に参加し、箱館戦争にも加わった。のち開拓使に出仕し、黒田とともに北海道開拓に尽力。特に、黒田ら開拓使幹部が東京に建設しようとしていた麦酒醸造所を「ヨーロッパと気候が似ている、寒冷地こそ適地である」と進言し、札幌建設を実現した。国産ホップの生産にも成功（お雇い外国人アンチセルが野生ホップを北海道で発見）し、ドイツで修業した日本人初のビール醸造技師・中川清兵衛とともに、純国産の「開拓使麦酒」を製造。村橋らは明治十年（１８７７年）、大久保の肝煎りで実現した第一回内国勧業博覧会にビール五本を出品したのである。

北海道知事公館前庭に建てられた村橋久成の胸像

このほかにも開拓使の官吏として村橋は、屯田村整備をはじめ葡萄酒醸造や製糸業の導入など数々の近代化策に取り組んでいた。ところが、官有物払い下げ事件の直前、突然辞職して行方をくらます。失踪の理由は現在までも謎のままだが、托鉢僧に身を変えて行脚放浪の果て、十一年後の明治二十五年（１８９２年）九月、神戸の路上で行き倒れになっているところを発見された。村橋はそのまま三日後に息を引き取ったという。新聞で村橋の死を知った黒田清隆は遺体を東京に運び、翌十月、黒田の手で葬儀は行われた。一説に、村橋の失踪は黒田との不和、対立や義憤などが理由とも言われているが、黒田の方は村橋のことをそういう目では見ていなかった証左なのかもしれない。

官有物払い下げ事件のもう一人の主役というべき黒田清隆。生家も互いに近く、黒田より年長であった五代は、参議となった黒田さえも幼い頃と同じく「了介」と呼んでいたという。安田定則も同じく城ケ谷郷中であった。

黒田は戊辰戦争で箱館の戦いを指揮し、旧幕軍榎本武揚の投降後、助命嘆願をしたことでも知られる。村橋が島津家分家の上級武士で、英国留学生に選ばれた俊英であったのと対照的に、黒田は戦争の最前線で名を挙げた、いわば「武勲派」の叩き上げである。村橋とのことを引き合いに出すまでもなく、面倒見が良く親分肌だったというが、黒田には欠点が一つあった。有名な酒乱だったのである。

黒田の酒乱は当時、酩酊《めいてい》し「妻を斬った」と噂が流れ、大警視川路利良がわざわざその墓を掘らせて、刀傷がないか確かめたと言われている（実際に妻・清《きよ》は持病があり、病死だったという）。ところが、この黒田の「酔って妻を斬った」醜聞はまことしやかな噂となり、錦絵や新聞などでも取り上げられ、果ては大久保暗殺の理由に「黒田の罪を隠し、かばったこと」も列挙されていたという（島田らの「斬奸状」）。

大久保亡き後の薩摩閥の重鎮であった黒田は、この後、何度かの浮沈はあったものの、明治二十一年（1888年）、伊藤博文の後を受け第二代の内閣総理大臣となっている。在任中の翌二十二年には大日本帝国憲法の公布が行われた。

21　商業講習所

並行するように明治十二年（1879年）、交通・運輸業の手始めに東京で馬車鉄道を始める。当時、馬にひかせてレールの上を列車（一両）に人を乗せて運ぶ乗り物が考案された。谷元道之（薩摩藩士、寺田屋事件を経験している）、種田誠一（薩摩藩士、第三十三国立銀行支配人）らの計画による東京馬車鉄道会社で、これには渋沢栄一も出資者に名を連ねた。種田は第一国立銀行（渋沢が頭取）の援助で米国留学を果たしており、その際に渋沢と吉田清成の世話になっていた。日本橋―新橋間で営業を開始し、すぐに浅草にも開通させ、手軽な交通機関として人気を博した。現在のような電気鉄道（1905年開業）登場までは、市民の足として走っていた。

開拓使官有物払い下げ事件で非難の攻撃を受けながらも、誹謗中傷にめげることなどなく、同じ明治十四年（1881年）、阪堺鉄道会社を藤田伝三郎や松本重太郎（呉服商、第百三十銀行支配人）、田中市兵衛（肥料商、第四十二国立銀行頭取）らが加わって設立。松本が社長となって、名前の通り大阪―堺間を結ぶ鉄道建設を始め、四年後（1885年）に開通する。これが関西における私鉄の始まりで、この鉄道は現在の南海電鉄の前身となった。

ちなみに日本初の私鉄は、高島嘉右衛門《かえもん》（横浜の商人、横浜港埋め立て）が岩倉具視らを口説いて設立した日本鉄道で、明治十六年（１８８３年）に上野―熊谷間を開業させた。この日本鉄道の初代社長は、五代の親しい先輩吉井友実だった。五代は日本鉄道の開業は目にすることができたが、急逝し自ら創設に関わった阪堺鉄道に乗ることはできなかった。

交通以外にも、言論機関の運営にも関心を抱いた。当時、大阪で最大手の「大阪新報」に資本参加し（明治十二年＝１８７９年）、福沢諭吉から慶應義塾の加藤政之助《まさのすけ》（新聞記者、のち衆議院議長）を紹介してもらって編集主幹とする。加藤は社説で、福沢や森有礼が提唱していた商業学校設立の啓蒙キャンペーンを行い、大阪での商業講習所設立に尽力する。

東京では一足早く、森有礼が銀座に私塾として「東京商法講習所」（一橋大学の前身）を明治八年（１８７５年）に開設したいたが、五代も日本経済発展のために専門教育の必要性を感じており、それが加藤招聘へとつながったのである。明治十三年十一月、五代はこれも慶応出身の桐原捨三《すてぞう》（新聞記者）を校長にすえ、「大阪商業講習所」を大阪・

立売堀で開校した。講師は五人で、生徒は六十人が入学したという。五代をはじめ、門田三郎兵衛（豪商）や鴻池、住友、藤田らの寄付で成り立っていた。

この講習所は翌明治十四年（1881年）八月、有志による資金援助を前提に講習所を府に移管し「府立大阪商業講習所」と改称する。のちに、市立大阪高等商業学校、旧制大阪商科大学へと発展した（現在の市立大阪大学の前身）。

明治十五年（1882年）、海運事業では岩崎弥太郎の三菱の独占状態を許していた（国有会社「日本国郵便蒸気船会社」と三菱商会が合併して設立された「郵便汽船三菱会社」）が、これに対抗する「共同運輸会社」の設立に関係する。三井と井上馨や品川弥二郎、益田孝、渋沢栄一、榎本武揚らと一緒になって資本金三百万円で発足、翌十六年一月に運営を開始した。当初、英国製の新造船を手に、共同運輸は競争で有利だったが、三菱側はダンピング（価格引き下げ）などで対抗する。

過度な競争で事故なども起こり、事態を重く見た農商務卿・西郷従道が仲介に乗り出して協定を結ばせる。しかし、一度競争は沈静化したものの、やがて協定破りが常態化。共倒れが危惧される事態となる。明治十八年（1885年）二月、岩崎の亡くなったのを契機に、再び政府が両社を仲介、両社合併させ日本郵船会社となった（五代はこの合併の議論がまとまって後、同年九月に亡くなる）。

また、五代は神戸港の積み下ろしのため、神戸桟橋会社も明治十五年、杉村正太郎らと開設。桟橋の積み荷事業はその後、川崎正蔵（鹿児島出身の商人、川崎財閥創始者）の手に引き継がれ、川崎汽船などにつながっていった。

このほか、明治十七年には、瀬戸内航路を主として運航する大小六十余りの船問屋をまとめて「大阪商船」を設立させた。五代は大坂商法会議所の設立以降、自身の事業というよりも、国内産業の育成、商業者同士の連携に重きを置いた傾向が看られる。大阪商船も「船問屋から海運業者へ」成長を促す事業であった。この大阪商船はのち三井商船に合併九州され、現在はフェリー運航で知られる「商船三井」として運営している。

今では「春の風物詩」となった大阪造幣局の桜の通り抜け

ミニコラム　「白岡あさ」と「広岡浅子」

五代友厚の史料を丹念に調べても、残念ながら広岡浅子との直接の接点はほとんど出てこない、というのが実のところである。前述したように、五代は幕末京都に行っているが、浅子の実家・油小路の三井家（小石川家。三井十一家のひとつで、油小路の三井はのち東京に移り小石川に屋敷を構える）に出入りしたかは疑問だ。小松や大久保のように京都での工作が長ければ、機会はあったかもしれない。

一方、浅子が十七歳で嫁した「加島屋《かじま》」は、広岡家は大坂の豪商。肥後橋のたもとに、大きな店をもつ米問屋で大名貸もしていた。こちらは五代の横浜異動に対する「留任嘆願」に広岡久左衛門が名を連ね、八代目正饒（浅子の義父）はこの年（明治二年）に亡くなってしまうが、知遇のあったことは間違いない。さらに、その後は九代目正秋（義理の弟）や浅子の夫・分家の当主であった信五郎が、五代の事業に協力している。

特に大阪株式取引所では「肝煎《きもいり》」という、現在では役員というべき立場にもなっており、これは五代の広岡信五郎への信頼度が伝わる点と言えるだろう。

明治維新の時、浅子は二十歳だった。維新の動乱を乗り越え、浅子が石炭業界に乗り出したのは明治十七年（1884年）。筑豊・潤野炭坑を買収したのは五代の死後の、明治十九年である。さらに加島銀行が合資会社として設立された（明治二十一年＝1888年）。広岡浅子と信五郎夫婦が、五代の薫陶を受けたことは想像に難くない。いや、大阪の商人、財界人が五代を「大阪の恩人」として、企業経営のモデルにしていたと言えるだろう。

この後、大隈重信や渋沢栄一らとの知遇も得て、広岡浅子は日本女子大学設立や大同生命保険（社長は広岡正秋）創業など数々の事業に関わった。女性経営者の先駆と言われている。蛇足であろうが、ドラマの「白岡あさ」と五代友厚のようなことは、モデルとなった史実の広岡浅子にはなさそうである。一方で、広岡浅子の趣味の一つに囲碁があり、女流棋士との棋譜も残るほどなかなかの腕前だったという。実業家として碁の嗜みは当時の人脈づくりには役立ったかもしれない。大隈と碁を打った記録もあるというが、五代と打った棋譜などがあれば大発見なのだが。

22　五代の死

明治十五年（1882年）、大阪の政府系新聞「大東新報」の主筆だった原敬（盛岡藩出身、のち「平民宰相」で知られる）は、五代に気に入られ、しばしば飲みに連れられていたという。原敬の妻は、五代の友人中井弘の娘であり、近しい付き合いが分かる。原は大隈重信と反りが合わずに政府を辞め、この年約八カ月だけ新聞記者をしていた。官有物払い下げ事件後、大隈と対立した五代にとって、原はよい話し相手になった。京都祇園の「一力」に遊んだともいう。

原は大坂での記者生活の後、外務省に復帰し井上馨や陸奥宗光らの信頼を得て頭角を現す。大隈といい、井上といい、陸奥といい五代とは維新期からの交友のある人物たちであり、五代に教えられたことも役立ったはずである。

五代はお酒好きで、しかし、それ故に晩年は医師から酒（焼酎）を控えるように厳命されたという。ところが、五代は先述したように自らが出資した「大阪新報」はじめ、「大東新報」などの記者らと飲み歩き、経済談義をすることが頻々であった。

「五代は経済界で成功した者には珍しく、服装には一向にお構いなく、どの和服も吸い殻の焼け焦げで穴があいていて、洋服は夏物と冬物一着ずつしかなく、普段は飛白《かすり》の単衣《ひとえ》に兵児《へこ》帯を巻き付けて羽織も着ずに、ふいと外出した。食べ物や飲み物にも気を使わず、どちらかというと洋食は嫌いな方だった。飲むのはいつも強い泡盛（焼酎）に、肴もいつも紋切り型の煮しめを薩摩煮と称し、来客の好みも考えずに薦めてひとり満足していた。そして、ひとたび話が経済に及ぶと夢中になって自説を滔々と語り続けた。五代が尊敬していたのは大久保ひとりで、ほかは寺島宗則でも黒田清隆でも松方正義でも、別段敬意を払う風もなく、松方等は遥かに下のようにみて、小僧っこ待遇にあしらっていたわい」

以上は、横山源之助の著した「明治富豪史」にある記述の要約である。横山自身は明治大正期の新聞記者で、「日本之下層社会」をルポルタージュとして残した、いわば階級社会や貧富の差には批判的な「左翼的」記者だった。横山自身が五代に直接会って取材したものではないが、特に富豪に対して手厳しい批判の目を向けた彼が同時代の証言者たち（中には同業の新聞記者らがいた）から聞き取って書いたもの。写真やイメージで「文明開化をすすめたハイカラな人物」「日本で有数の鉱山王でお金持ち」という五代像からは随分遠い姿と言えよう。

五代の素顔は案外、ざっくばらんに焼酎を片手に、熱っぽく企業経営を語る、そういう人物であったのだろう。日に十人、二十人という来客の相手をすることもあった。

明治十六年（1883年）、五代は大坂・中之島に、新たに自宅を建設することにし、敷地を購入、準備に取り掛かった。翌十七年秋に完成したが、長年の無理がたたってか、五代の体は糖尿病に蝕まれていた。晩年まで酒（焼酎）も煙草も、欠かすことができなかったようである。また、この頃、本籍を鹿児島から大阪に移した。思うところがあったのやもしれない。

先に触れたとおり、鉱山事業ではこのころ半田銀山（福島）が最盛期を迎え、十五年から三年連続して利益が十万円（現在になおせば十億円か）を超えており、十七年には十七万五千円とピークに達する。しかし、一時は、鉱山収入で日本の一、二位を争うほどであった五代（争った相手は、別子銅山を有する住友家）だったが、この時期そのほかの鉱山開発では、鹿児島や兵庫、島根などで探鉱や採掘を広げたものの、いずれも赤字続きで半田に頼る状況だった。

松方正義の肖像（「近世名士写真」より）

松方正義の進めた政策の影響で、日本の

景気はデフレ状態を続けており、これも大阪を苦しめていた。「松方を子どものように遥か下に見て」いた五代だったが、その松方は大隈の失脚後、大蔵卿となって、明治十五年（1882年）十月、国の中央銀行「日本銀行」を創設した。紹介した通り、紙幣整理（兌換紙幣、発行数の抑制）や増税（煙草税、酒造税などの導入）、さらに政府予算緊縮策でインフレを抑え込んだが、薬が効きすぎて深刻な不景気「松方デフレ」を引き起こした。

大阪の景気の冷え込みに頭を悩ませる五代は、ますます健康状態が悪くなっていた。四十代後半ぐらいから心臓病の兆候もあり、もともとの糖尿病と合わせてひどくなっていたようである。大坂を訪ねた際、松方が五代を見舞った。心配した松方は帰京するとすぐ、同じく薩摩藩出身の軍医、高木兼寛《かねひろ》に相談したという。

高木は日向国諸県《もろかた》郡穆佐《むかさ》郷（現在は宮崎市高原町穆佐）の郷士の出で、戊辰戦争で従軍医師となり、官軍の野戦病院で五代が英国公使に交渉し、招聘したウィリアム・ウィリスと出会った。ウィリスはその後、鹿児島の西洋医学所・病院が開設されることになり、指導する校長兼病院長として赴任。高木は早速その門下生となる。ウィリスから医学と英語を学んで、のち海軍に入り官費留学生として英国ロンドンへ留学する。帰国後、東京海軍病院長になり、さらに海軍軍医総監となった。

有名なのは、当時は細菌性伝染病と考えられていた脚気の原因を「ビタミンの不足が引き起こす」と主張、通説の誤りを指摘し、脚気の治療に革命を起こしたことだろう。高木は、成医会講習所で後進の育成に努め、「東京慈恵医院」などを創設し、医療の発展に貢献した。これらは慈恵医会大学や同病院となっている。

五代の病態に話を戻そう。

明治十八年（１８８５年）夏、松方から病状を聞いた高木は、直接診察したいとわざわざ大阪に出向いた。長年の不摂生から糖尿病が進行しており、五代の症状の重さに驚いた高木は、転地し東京で治療するよう勧めた。

八月、五代は妻豊子に付き添われ東京・築地の別宅に入った。療養中というのに、東京でも来客は絶えなかったようである。渋沢らも顔を見せたようだが、仕事の話だったのか、見舞いに来たのかは定かでない。黒田や松方、西郷従道、森有礼ら薩摩閥の人々ばかりでなく、大隈や井上、伊藤博文ら明治政財界の大物が入れ替わり立ち替わり訪ねて来た。

高木とその紹介で橋本綱常（越前藩士、橋本左内の弟）も治療に当たったが、ひと月後の九月二十日、いよいよ五代は危篤状態となった。五代の仕事を支え続けた、堀孝之や岩瀬公圃、さらに義兄森山茂らが看病した。宮内大輔となっていた吉井友実が、五代への「勲四等　旭日小綬章」拝受を報告にやって来た。

五代友厚は九月二十五日、妻豊子や松方らに看取られて息を引き取った。享年五十一歳（満四十九歳）であった。

松方は五代を心から慕っていた。また五代の方も、大久保亡き後、松方を可愛がっていた様子があり、数多くの手紙のやりとりから推察される。松方は葬儀を「五代が一番愛した土地、大阪で執り行う」と発意。遺体は二十七日、棺に納められ、築地の川崎造船所構内岸壁から船で、一路横浜に運ばれた。

五代の亡骸は横浜から「山城丸」（合併なった「日本郵船」の最新鋭船）に載せられ、神戸に運ばれた。神戸—大阪・梅田間は汽車で、弘成館の社員ら数百人が出迎え、新築したばかりだった中之島の邸宅（現在の日銀大阪支店）に到着した。

葬儀は十月二日に、自邸で行われた。会葬には滋賀県知事になっていた中井弘（桜洲）や堺県知事・税所篤をはじめ、大阪府知事、造幣局長ら官界の知己はもとより、住友、鴻池、三井の豪商、広瀬宰平、藤田伝三郎らも弔問に訪れた。五代の起こした事業の関係者、五代を慕う大阪の商業者ら合わせて四千八百人が会葬に参列したと伝えられる（「五代友厚秘史」）。

中之島を大阪師団儀仗兵・一隊の先導で出発した葬列は、五代の棺が五十人の手で担がれ、長さは十五町（約千六百メートル）に及んだという。東に向かって淀屋橋南詰めから心斎橋筋を下り、高麗橋筋を東へ、堺筋を南に向かって天王寺村阿倍野墓地まで。沿道には「大阪の恩人」五代の死を悼む人が連なり、葬列を見送ったという。大阪中心街をぐるっと回る行列で、現在の視点でも大変な規模だと思われるが、当時は人口四十万人程度だった大阪の都市規模を考えれば、ほぼ全市をあげての葬儀告別行事だったと言えるだろう。市街では一時、交通も途絶えたと伝えられている。

阿倍野墓地にはひときわ背の高い、立派な墓石が建ち、松方の手で「従五位勲四等五代友厚墓」と刻まれている。幕末維新を猛然と駆け抜けた五代才助、友厚はやっと安息の眠りについたのであった。

ミニコラム　**川崎造船**

川崎造船の創設も、五代と無縁ではなかった。

創業者、川崎正蔵は鹿児島城下の商人の出で、長崎で藩御用商人・浜崎太平次の「山木屋」の出先を務め、貿易業務に従事していたが、維新後大阪に出て独立した。その後、奄美の砂糖売買などで事業を拡大し、流通運輸業に転身、明治四年（１８７１年）に帝国郵便汽船の副社長となっている。明治十一年（1878年）四月、五代の援助を受け、川崎は東京・築地の官有地を借用、政府から建設資金三万円を融通され、築地造船所を設立したのである。

その後、川崎の事業は再び関西にも広がり、五代とともに神戸桟橋会社を運営したのは前述した。川崎は、五代の夢の一つであった「日本に洋式大型船の造船所を建設したい」という事業を現実のものとした、いわば五代の「後継者」の一人であった。

兵庫川崎造船所を開業（明治十三年＝1880年）、五代の死後のことになるが、明治十九年（1886年）には官営兵庫造船所の払い下げを受け、翌年に川崎造船所（現在の川崎重工業）を創設した。明治二十九年（1896年）川崎造船所を株式に改組し、顧問に退く際には事実上、後継者のなかった川崎正蔵は、事業の恩人でもあった松方正義の三男・松方幸次郎を後継者に選んだ。一時は造船、重工業を中心として川崎財閥（神戸川崎財閥）と呼ばれ、また後継の松方にちなみ「松方コンツェルン」とも呼ばれ、金融恐慌（1927年）までは繁栄を手にする。

そのほか川崎正蔵は明治三十一年（1898年）「神戸新聞」を創刊、次いで神戸川崎銀行を開設、監督に就任する（1905年）。また美術品の蒐集《しゅうしゅう》家でも知られ、神戸の自邸内に美術館をつくり、長春閣と名付けている。蛇足ながら、後継者となった松方幸次郎も関西財界で一時代をなしたが、大正から昭和初期にかけて西洋画の名作を買い集め、これは「松方コレクション」として著名である。

23　残された家族、遺産

「東の渋沢、西の五代」と称された明治の経済人二人。彼らに共通する特徴に、自ら財閥を作らなかったことが挙げられる。五代も渋沢も、自分の事業は「日本という国、日本の経済、ひいては国民を富ます」ことが最大の目的だった。政府の殖産興業を民業にあって肩代わりすることが、五代の究極の目標だったと言えよう。

したがって、五代は「明治の鉱山王」として現在の資産価値で数十億とも言える銀産出があっても、それを惜しみなく、次なる鉱山開発、次なる運輸事業、貿易事業などに次々と投資。従業員にも分配し、蓄財に熱をあげるようなことはなかったようである。死後、各地の鉱山や大阪中之島の自宅は残ったものの、貯蓄は微々たるもので借金は一説に百万円（一億円程度か）あったという。

残された家族は、正妻豊子、長女武子、次女藍子、三女芳子（土居通夫の養女となる）、四女久子、長男秀夫、次男友太郎（野村維章《これあき》の養子となる）があった。また武子と藍子の母である側妻・勝子（京都の人）、芳子の母・細身ハツ（友厚の没後に生まれる三男友順《ともゆき》を妊娠していた）、久子の母（京都の芸妓か）、秀夫の母・鈴木ヒデ（日本橋の芸妓千代香）、友太郎の母・蔦本品江とおり、このほかにも妾があったようである。いずれの庶子も豊子との間の子として届けられており、男の甲斐性として「蓄妾」が普通であった時代とはいえ、五代ほどの艶福家は多くあるまい。

これら家族の面倒を一手にみなくてはならなくなったのは、長女武子と結婚した、養嗣子の五代龍作である。

五代友厚の最後の屋敷があった中之島。跡地には日本銀行大阪支店が建つ

半田銀山を復活繁栄に導いた、義理の息子・五代龍作はその後、鉱山経営を続け、義父の故郷である鹿児島県の金山の開発に情熱を注いだ。

山ヶ野金山（鹿児島、現在の霧島市横川）は中でも、産金量が佐渡をしのいだこともある有名な金山である。もともと薩摩藩島津家の採掘が行われていたが、ここも江戸期の技術では掘り尽し、廃坑寸前だった。明治十年（1877年）、島津家新技術導入により鉱山の振興を図ろうと、生野銀山のコワニエのつてを頼って、仏人鉱山技師ポール・オジェを招き、近代的な鉱山施設を建設。蒸気機関を導入するなどし、川下に青化精錬所（水銀アマルガムを使った精錬法を導入か）を設けて操業を始めた。巨額の投資を行ったものの思わしくいかず、ついにポール・オジェを解雇するに至ったという（米一石、三円三十銭の時代、オジェの月給は七百円だった）。

その後、明治三十七年（1904年）、島津家が白羽の矢を立てたのが五代龍作だった。第七代鉱山館長に招聘された五代龍作は、動力源に電力を利用することを提案し、三年後の明治四十年に霧島・隼人町の天降川水天淵に金山専用の水力発電所が建設された。龍作の指揮下、東洋一と言われる近代的大精錬所が永野三番滝に設置され、経営の中心は山ヶ野から永野（現在のさつま町永野）へ移ったという。ちなみに、五代龍作の次の鉱山館長は西郷隆盛の長子・西郷菊次郎（京都市長など務めた）で、明治四十二年（1909年）から大正八年（1919年）まで務めたという。

武子と龍作は中之島の五代邸と半田銀山を相続し、藍子とともに暮らした。友厚が亡くなった時、藍子は実母勝子とともに留守番役で大阪の本宅にいたと、のちに語っている。この年、雨が少なく、庭の友厚自慢の「釣鐘松」が一晩のうちに枯れてしまったという。あまり物事に動じることのなかった母勝子が驚いて声をあげたのを、藍子は覚えていた。近くの庭石も大きく割れており、藍子は不吉な気がして母にすがったと語る。夕暮れに打ち出された寺の鐘の音が寂しく響き、烏《からす》も飛び交って、「なんでこんなに鳴くのやろ」と母の袂《たもと》をにぎりしめた。すると、そこに電報が届き、友厚の訃報に二人は泣き伏したという。いささか小説じみてはいるが、こう藍子は振り返っている。

藍子のその後については前述したので、後年の記述は重複するので避けたい。

明治 36 年の内国勧業博のため、土居通夫の発案で建設された初代の通天閣

三女芳子は明治十四年生まれという。長じて、大阪府判事兼外国事務局掛（川口運上所）時代、五代友厚の部下だった土居通夫の養女となる。土居は五代慰留嘆願に名を留めるだけでなく、中井弘や児島惟謙（宇和島藩士、大津事件の大審院長を務める）らと親交が深く、兵庫裁判所裁判長や大阪上等裁判長など歴任。さらに明治十七年（１８８４年）、事業再建に迫られて鴻池が人材を探していると、五代は「土居通夫以外にありえない」と進言。土居は司法省を退官し、鴻池善右衛門家の顧問となり諸事業に参画、「剣豪

商人」と言われたという（土居は田宮流の免許皆伝であり、剣術の腕は相当なものだった）。五代の勧めで実業界入りした土居は、心から五代を手本としたようである。芳子を養女にしたのち、明治二十八年（1895年）より大阪商業会議所会頭になった土居は在任二十二年の間に、初代の「通天閣」建設（1903年）などもすすめ、近代大阪経済の基盤を固めた五代亡きあとの財界の指導者として活躍した。

芳子の翌年生まれた四女久子は友厚の亡くなった年、わずか三歳である。久子は十七歳で、大阪船場の豪商杉村家の跡取り、杉村正太郎に嫁した。明治三十四年（1901年）のことである。久子が嫁いだ杉村家は代々大阪港区一帯の地主であり、幕末から両替商「錫正（錫屋）」を営んできたが明治以降には砂糖商、林業、貸家経営、倉庫業などを行っていた。杉村正太郎は明治二十八年、杉村倉庫を創業、また阪神電鉄や大阪商船の役員も務めた。また、久子は几帳面だったのか、長い間の日記を残しており、これは当時の商家の女性の暮らしなどを知ることができる貴重な史料として知られている。日記は、昭和二年（1927年）の四十三歳から同十八年（1943年）の六十歳までのものが残されていた。

長男秀夫は明治十六年（1883年）生まれ。友厚の死に際しては二歳そこそこで、物心もついていなかった。長じて早稲田大学の哲学科に学び、将来を嘱望されていたが、卒業後、明治四十年（１９０７年）、二十三歳という若さで亡くなった。

次男友太郎は明治十八年（１８８５年）四月生まれで、友厚はこの年の九月に亡くなるので、生まれて半年に満たぬ乳飲み子だった。友太郎は翌年正月に当時の検事長、野村維章《これあき》に養子縁組された。野村は土佐藩士だったが脱藩し、坂本龍馬の「亀山社中」に加わって海援隊でも活躍、五代とも親交を結んだ。維新後は新政府に出仕し、佐賀県参事やの茨城県令なども歴任。友厚の亡くなった当時、野村は大坂控訴院検事長を務めていた。のちに野村も大津事件（ロシア皇太子の暗殺未遂事件、容疑者の罰をめぐって司法の独立が問われた）に関わった。

五代友厚の死によって空席となった大阪商法会議所の会頭には、藤田伝三郎が二代目として就任した。

五代の起こしたありとあらゆる事業は、大阪の各事業者の手でその後、繁栄していった。一方で、先に触れたとおり、五代家のものとして残されたものは、半田銀山などの鉱山事業くらいで、それも半数が赤字経営のものしか残らなかった。

しかし、ここに書いてきた通り、世界遺産登録された磯紡績所跡や小菅修船場など「明治産業革命」を伝える遺産群もまた友厚の「遺産」の一つであり、明治日本の礎となったものである。加えて、大阪の復興と再生も、同時に友厚の「遺産」であったと言えるだろう。五代は一個人の資産家として資産は残さなかったが、大阪経済と日本全体のために数多くの遺産を残していったのである。

ミニコラム　**五代邸跡**

幕末、大阪にやって来た五代は、最初備後町で暮らしていたが、明治二年（1869年）には梶木町（現在は北浜4丁目。ちょうど日銀大阪支店の土佐堀川対岸あたり）へ移り約半年ほど住んだという。翌年に平野町に引っ越した。ここまでは、商家を借りるなどして住んでいたようである。小松帯刀の没後、京都の遺族の面倒を見る必要があって、自邸建設を計画したと推測される。

明治四年（1871年）に、西区靭《うつぼ》（現在の大阪科学技術館）の土地を手に入れ、広い屋敷を建築した。この年師走に、この家に移ったという。料亭・加賀伊（後の花外楼）で行われた大阪会議開催中には大久保利通が長期間宿泊し、碁盤を囲んで日々談義したのはこの靭邸であった。この建物は戦後、昭和三十五年（1960年）まで残されていたが、大阪科学技術センタービル建設で取り壊されたという。

その後、いよいよ病の重くなった明治十八年（1885年）、中之島（現・日本銀行大阪支店）に自邸を新築した。この土地は幕末まで、島原藩蔵屋敷のあった所という。同年八月には東京・築地に移って療養生活を送り、そのまま東京で逝去したため、中之島邸での生活はごく短いものだった。

後書き

「五代友厚の遺したもの」

「五代友厚」を書いた大阪出身の作家・織田作之助は「大阪の指導者」という作品中に次のように書いている。

「才助という名は、実に（五代）友厚に適《につか》わしい。私は一切の誇張を嫌う故、友厚について誇張めいた言辞は弄すまいと心がけているが、ただひとつ、友厚についていくら声を大にしても良いと思うのは、彼が才人であったという一事だ。寔《まこと》に名は体を現している。」

昭和の無頼派と呼ばれた作家であり、大阪を舞台にした多くの作品を残した織田作之助であるが、ことに五代友厚への心酔ぶりを感じると同時に、この一文は五代という人物像を端的に言い表しているのではないか、と思う。以来、多くの作家が五代を取り上げてきたが、時代を超え、彼の生き様は人々を魅了するようだ。斯くいう筆者も二十年来、五代友厚の史料などにあたり、研究を続けてきたが、その思いは益々強まるばかりである。

本書中に幾度も紹介しているが、五代才助ほど多くの事業（ミッション）を企画立案し、そして実行に移した人はほかにない。上海への渡航に始まり、薩英戦争回避のための投降・交渉であったり、上申書による薩摩藩英国留学生であったり、それから日本初の西洋式紡績所（鹿児島磯）であったり、西洋式ドック（修船場）もそうである。繰り返しになるが、鉱山、金属、金融、出版、貿易、運輸鉄道、流通、それから株式取引所、商工会議所と本当に幅広い。もちろん薩摩ベルギー商社のような「失敗例」もあるが、本当にエネルギッシュというべき行動力である。

何か一つだけ、あるいは二つ三つならば、似たような事業家（例えば渋沢栄一や岩崎弥太郎）や志士（井上馨か）も例示することはできようが、五代はある意味、手当たり次第に取り組み、それを形にしている。もし彼が早世しなかったら、日本のその後の企業、経営はもっと違っていたのかもしれない。

作家の言を引用するまでもなく「才助」を地で行く人だったのだろう。あるいは現代風に言い表すなら「有言実行型」だったとでも言おうか。古来は「不言実行」が日本人の美徳であった。言葉は多くない方が好まれる。特に薩摩の武士では「男は無口な方がいい」とされ、鹿児島には「三年に片頬《かたふ》」という格言もある。意味は「男は三年に一度くらい笑うくらいが良い。それも片方の頬が動く程度でいい」ということで、おしゃべりし、大笑するような男はみっともない――という戒めの言葉だが、こういう世界では五代友厚は生きにくかったに違いない。

多くの手紙が残されているのだが、その中でも五代は饒舌《じょうぜつ》であり、また機智にも富んでいる。あの誹謗中傷にあう中で書かれた「惣難獣」の文章でさえも、「才人」のひらめきがうかがえると織田作之助も指摘している。薩摩から、これほどの才気煥発の士が出たことは誇るべきだと信じている。とにかく頭が切れ、よく弁がたち、議論好きで、ヴァイタリティーにあふれる人物像（ついでに女性にももてた）が浮かぶ。五代は発想し、それを言葉にし、最後は実行する。「才助」「有言実行」の男というのはそういう意味である。

五十年という今からみれば短い一生だが、五代は終生、日本の殖産興業のために全力で疾走したことは間違いない。確かに後半生は、大阪をその活躍の中心としているが故に、大阪を筆頭に関西圏に多大な貢献があった。株式（証券）取引所しかり、商法（商工）会議所や商業講習所（大阪市立大の前身）などもそうだし、五代ゆかりの企業が今も運営しているのは関西である。だが、五代には大阪が日本の経済都市になることが、日本という国全体の経済・産業のためになるという認識があった。

北海道開拓使の官有物払い下げ事件は今日でも「政財界癒着」「国家私物化」といった、

「五代＝悪者」イメージで語られることがあるが、本書中でも詳しく書いているけれど、五代は「赤字の公益事業のために、北海道開発の手助けをしよう」と手を差し伸べたに過ぎない。

五代が訪ねた当時のロンドンには、すでに蒸気機関車の地下鉄も走っていた。パリは大改造が進み、エッフェル塔は建っていなかったが、凱旋門もシャンゼリゼ通りも出来上がっていた。遠い海を渡った侍たちの目にどう映っただろう。おそらくは百年の時代を一気に飛び越えたような衝撃だったのではないか。五代の産業や経済にかける熱意の源には「近代・西洋文明への懐疑」が芽生える以前の、「異文化への憧憬」と「国力強化への切迫感」があったに違いない。「和魂洋才」という言い方もあるが、その時五代が胸に抱いたのは「士魂商才」である。

五代友厚が遺したもののいくつかは「明治の産業革命遺産群」にリストアップされ、世界遺産に登録された。ところが、例えば半田銀山であったり、関わりがあった生野鉱山（神子畑・明延）であったりは、さほど知られぬまま、地域の人々の間でひっそりと守られている。時ならぬブームが追い風になり、日本の「ものづくり」にかける伝統や歴史が脚光を浴びることはうれしい限りである。

本書を手にした方が、五代友厚に関心を持ったことがきっかけで、先人のものづくりにかけた情熱や歴史に埋もれた人と人との絆に気付いていただければ、著者として幸いである。

執筆に際して多くの史料、研究書・論文を参考に致しました。歴史研究の先駆者の方々の学恩に感謝申し上げます。ことに薩摩藩英国留学生ほか幕末明治期の交流史について二十年来のお教えをいただいた鹿児島純心女子大学名誉教授・犬塚孝明先生、薩摩藩の幕末史について御教示いただいた鹿児島県立図書館長・原口泉先生のお二方に記して御礼を申し上げます。また、五代家のご子孫、故五代力次さん（龍作と武子夫妻の孫）の家伝史料も参考にさせていただきました。ありがとうございます。

２０１６年2月29日

桑畑　正樹

本書を亡き父、桑畑正己と義父、田中泰衛に捧げる。

「五代友厚伝」　五代龍作著・編　非売品
「五代友厚秘史」　山中園子編（七十五年追悼記念刊行会）
「五代友厚伝記資料」第1～4巻　日本経営史研究所編（東洋経済）
「五代友厚伝」　宮本又次著（有斐閣）
「薩藩海軍史」　公爵島津家編纂所編（原書房）
「鹿児島県史料　忠義公史料」（鹿児島県維新史料編さん所）
「玉里島津家文書」　河内和夫編（南方新社）
「函館市史」　函館市編
「島津久光と明治維新」　芳即正著（新人物往来社）
「調所広郷」　芳即正著（吉川弘文館）
「寺島宗則」　犬塚孝明著（吉川弘文館）
「森有礼」　犬塚孝明著（吉川弘文館）
「小松帯刀」　高村直助著（吉川弘文館）
「薩摩藩英国留学生」　犬塚孝明著（中公新書）
「若き薩摩の群像」　門田明著（春苑堂出版）
「カリフォルニアの志魂　薩摩留学生長沢鼎小伝」　門田明、T・ジョーンズ著（本邦書籍）
「日本を変えた薩摩人」　芳即正著（春苑堂出版）
「薩摩の七傑」　芳即正監修（高城書房）
「鹿児島史話」　芳即正著（高城書房）

【参考文献】

「アレキサンダー・ウィリアム・ウィリアムソン伝」　犬塚孝明著（海鳥社）
「幻の宰相　小松帯刀伝」　瀬野富吉著、原口泉監修（宮帯出版社）
「勝海舟と西郷隆盛」　松浦玲（岩波新書）
「高杉晋作の『革命日記』」　一坂太郎著（朝日新書）
「一外交官の見た明治維新」　E・サトウ、坂田精一訳（岩波文庫）
「長崎海軍伝習所の日々」　V・カッテンディーケ、水田信利訳（東洋文庫）
「大君の都」　R・オールコック、山口光朔訳（岩波文庫）
「モンブランの日本見聞記」　C・モンブラン、森本英夫訳（新人物往来社）
「プリンス昭武の欧州紀行」　宮永孝著（山川出版社）
「明治六年政変」　毛利敏彦著（中央公論社）
「大阪船場　おかみの才覚」　荒木康代著（平凡社）
「広岡浅子の『九転十起』」　原口泉著（海竜社）
「氷川清話」　勝海舟、勝部真長監修（角川文庫）
「海舟語録」　江藤淳、松浦玲編（講談社）
「島津斉彬公伝」　池田俊彦著（中公文庫）
「黒田清隆」　井黒弥太郎著（吉川弘文館）
「さつま人国誌」幕末・明治編1～3　桐野作人著（南日本新聞開発センター）
「南島雑話の世界」　南日本新聞社・名越護著（南日本新聞開発センター）
「我に義あり　西南戦争勝利なき反乱」　竹井博行著（南日本新聞開発センター）
「薩摩と西欧文明：ザビエルそして洋学、留学生」　鹿児島純心女子大学
渡来450周年記念シンポジウム委員会編（南方新社）

「士魂商才　五代友厚」　佐江衆一著（新人物往来社）
「薩摩スチューデント、西へ」　林望著（光文社）
「遠い崖　アーネスト・サトウ日記抄」　萩原延壽著（朝日文庫）
「ある英人医師の幕末維新」　H・コータッツィ、中須賀哲朗訳（中央公論社）
「波うちぎわのSatsuma奇譚」　宮澤眞一著（高城書房）
「薩摩医人群像」　森重孝著（春苑堂書店）
「グラバー夫人」　野田平之助著（新波書房）
「生麦事件」　吉村昭著（新潮文庫）
「五代友厚」　織田作之助著（河出文庫）
「五代友厚」　真木洋三著（文藝春秋）
「大阪でごわす」　島実蔵著（時事通信社）
「五代友厚」　小寺正三著（新人物往来社）
「妖人白山伯」　鹿島茂著（講談社）
「坂本龍馬伝　汗血千里の駒」　坂崎紫瀾著、中村茂生現代訳（東邦出版）
「明治富豪史」　横山源之助著（ちくま学芸文庫）
「幕末『住友』参謀　広瀬宰平」　佐藤雅美著（学陽書房）
「鴎外歴史文学集　第二巻」堺事件　森鴎外著（岩波書店）
「浮遊昆虫」（相模国愛甲郡中津村）　松本清張著（文藝春秋）
「中井桜洲　明治の元勲に最も頼られた名参謀」　屋敷茂雄著（幻冬舎ルネッサンス）
「彦次郎少年の密航奇譚」　桑畑正樹著（K＆Kプレス）

【参考文献】

「西郷南洲遺訓」　桑畑正樹現代訳（致知出版）
南日本新聞連載「薩摩人国誌」　桐野作人氏寄稿
南日本新聞連載「薩摩と龍馬　維新のパートナー」
南日本新聞連載「薩摩藩英国留学生１５０周年　黎明を駆ける」

【略年表】

西暦	和暦	事跡	参考
1835年	天保六年		小松帯刀生まれる（十月十四日）
1836年		五代友厚生まれる（十二月二十六日） 薩摩藩儒官・秀堯の次男（幼名徳助）	坂本龍馬生まれる（十一月十五日）
1853年	嘉永六年	父秀堯没す	ペリーの黒船、浦賀来航（六月）
1854年	安政元年	藩郡方書役となる	
1857年	安政四年	選抜され、長崎海軍伝習所に派遣 勝海舟ら幕臣、他藩学生と知遇得る	
1858年	安政五年		藩主・島津斉彬が急逝（七月）
1860年	万延元年		桜田門外の変（三月）
1862年	文久二年	御船奉行添え役となり、上海に渡航 幕府視察、高杉晋作ら同行（四月）	生麦事件起こる（八月二十一日）
1863年	文久三年	薩英戦争（七月二日）	長州藩が下関で砲撃（五月）

※「五代友厚秘史」年表を元にする

【略年表】

		五代と寺島宗則は英軍艦の捕虜となる 横浜で釈放され、熊谷に潜む	八月十八日政変起こる（公武合体派による宮中クーデター）
1864年	元治元年	五代「上申書」を提出 貿易富国策、留学生派遣など提言 帰藩を許される	禁門の変（蛤御門の変、七月） 第一次長州征伐（十月～）
1865年	慶応元年	薩摩藩渡欧使節・留学生十四人出発 羽島浦から密航（三月二十二日） 五代ら英国に到着（五月） 九月～欧州大陸に渡る 薩摩ベルギー商社仮契約（十一月）	神戸海軍操練所閉鎖（三月） 長崎に亀山社中結成
1866年	慶応二年	五代が堀孝之、新納久脩と帰国（二月） 五代、御小納戸奉行格外国掛となる	薩長盟約（一月） 将軍・徳川家茂が大阪城にて急逝（七月）、第二次征長失敗 孝明天皇が崩御（十二月）
1867年	慶応三年	最初の結婚、坂本氏の女（豊子）娶る いろは丸沈没事件起こる（四月） 五代が周旋し、海援隊が勝訴する	大政奉還（十月十四日）

1868年	慶応四年 明治元年	五代、薩摩海軍でモンブラン伯とともに兵庫に入る（十二月） 五代、新政府から参与職外国事務掛を任命される（一月二十三日） 神戸事件、堺事件の解決のため奔走 小松帯刀、伊藤博文らと連携し各国公使と交渉する パークス英国公使襲撃事件（二月三十日） 対応に尽力 外国官権判事に任命（五月四日） 大阪府権判事を兼任（五月二十四日） 母やす子没す 大阪府判事に任命（九月十九日） 造幣寮の大阪開設、機械導入を進める	坂本龍馬暗殺（十一月十五日） 十二月九日、王政復古 鳥羽・伏見の戦い（一月三日） 神戸事件起こる（一月十一日） 大阪港開港（七月十五日） 明治改元（九月八日）

【略年表】

1869年	明治二年	東京・大隈重信邸で財政諮問に参加（四月） 会計官権判事の辞令受け、横浜への赴任を命ぜられる（五月二十四日） 官民から五代慰留運動起こり、政府に嘆願書提出される 五代、官を辞し、大阪に戻る 大阪に金銀分析所を開設する（十月）	五稜郭の戦い終わる（五月）
1870年	明治三年	鹿児島で正月を過ごし、大阪に戻る 豊子（森山茂の妹）と再婚（一月） 大阪活版所を創設させる（三月） 堺紡績所方掛を命じられる（四月） 天和銅山を皮切りに鉱山探鉱や入手に取り組む	小松帯刀が逝去（七月二十日）
1871年	明治四年	大阪・造幣寮が完工、創業式実施（二月） 大阪・靭北通りに自宅を移す	廃藩置県（七月十四日） 岩倉使節団が出発（十月十二日）
1872年	明治五年		新橋—横浜間鉄道開通（九月） 太陽暦採用（十一月）

1873年	明治六年	大阪に弘成館を開設（一月） 東京・築地に事務所を開く（十月）	第一国立銀行設立（七月） 征韓論政変（明治六年政変）起こる 西郷らが下野（十月）
1874年	明治七年	大久保が大阪の五代に面談 大隈重信に諌言の手紙を送る（六月） 福島・半田銀山の経営を開始（七月）	征台めぐり木戸孝允が下野
1875年	明治八年	大阪会議の周旋に努める 　大久保利通が五代邸滞在（十二〜二月）	
1876年	明治九年	明治天皇が東北行幸で半田銀山に（六月） 堂島米会所の再開に尽力（八月） 朝陽館を創設、製藍業に着手（九月）	
1877年	明治十年		西南戦争始まる（二月十五日） 西郷隆盛が城山で自刃（九月二十四日）
1878年	明治十一年	大阪の株式取引所が免許受け、北浜の地で開業（八月十五日） 大阪商法会議所を創立、五代が初代	大久保利通暗殺（五月十四日） 東京株式取引所が設立（五月） このころ米価暴騰

【略年表】

		会頭となる（九月二日）	
1879年	明治十二年	贋札製造の疑いで藤田伝三郎ら検挙される 五代は疑惑解決に努める（九月）	
1880年	明治十三年	米納復活の意見書を政府に提出（八月） 大阪商業講習所を開設（十一月） 東京馬車鉄道会社設立に出資（十二月）	
1881年	明治十四年	大阪青銅会社を設立（五月） 関西貿易会社を創立し、総監となる（六月） 北海道・開拓使官有物払い下げ疑惑起こる 五代が批判の矢面に	官有物払い下げ中止と大隈の処分が決まる（十月）
1882年	明治十五年	共同運輸会社が設立（七月）	日本銀行開業（十月）
1884年	明治十七年	五代、数え五十歳 阪堺鉄道の設立に協力（二月） 関西の船問屋集め大阪商船が開業（五月） 神戸桟橋会社が運営開始（十一月）	
1885年	明治十八年	病が重くなり、上京して療養（八月） 築地の邸宅で逝去（九月二十五日） 大阪で葬儀が営まれる（十月二日）	

桑畑　正樹

1967年鹿児島市生まれ。甲南高校卒。

一橋大学卒業後、南日本新聞社入社。

編集部、社会部、文化部記者などを経て、志布志支局長、

文化部副部長。

NPO日英友好協会理事。

鹿児島人物叢書⑦　五代 友厚 －明治産業維新を始めた志士《さむらい》－

平成28年4月30日初版発行

著　者　　桑畑　正樹

発行者　　寺尾政一郎

発行所　　株式会社高城書房

鹿児島市小原町32-13

TEL 099-260-0554

振 替 02020-0-30929

HP http://www.takisyobou.co.jp

印刷所　　大同印刷株式会社

ISBN978-4-88777-160-4　C0023